Entre amores, cogitações e o inexorável relógio de areia

Editora Appris Ltda.
1.ª Edição - Copyright© 2025 da autora
Direitos de Edição Reservados à Editora Appris Ltda.

Nenhuma parte desta obra poderá ser utilizada indevidamente, sem estar de acordo com a Lei nº
9.610/98. Se incorreções forem encontradas, serão de exclusiva responsabilidade de seus organi-
zadores. Foi realizado o Depósito Legal na Fundação Biblioteca Nacional, de acordo com as Leis nᵒˢ
10.994, de 14/12/2004, e 12.192, de 14/01/2010.

Catalogação na Fonte
Elaborado por: Dayanne Leal Souza
Bibliotecária CRB 9/2162

C512e
2025
	Chaves, Eliana
	  Entre amores, cogitações e o inexorável relógio de areia / Eliana Chaves.
	  – 1. ed. – Curitiba: Appris, 2025.
	  249 p. ; 23 cm.
	
	  Inclui referências.
	  ISBN 978-65-250-7235-7
	
	  1. Reflexões. 2. Amores. 3. Curas. I. Chaves, Eliana. II. Título.
	
	                                                                        CDD – B869.93

Appris editora

Editora e Livraria Appris Ltda.
Av. Manoel Ribas, 2265 – Mercês
Curitiba/PR – CEP: 80810-002
Tel. (41) 3156 - 4731
www.editoraappris.com.br

Printed in Brazil
Impresso no Brasil

ELIANA CHAVES

Entre amores, cogitações e o inexorável relógio de areia

artêra
editorial

Curitiba, PR
2025

FICHA TÉCNICA

EDITORIAL	Augusto V. de A. Coelho
	Sara C. de Andrade Coelho
COMITÊ EDITORIAL	Marli Caetano
	Andréa Barbosa Gouveia (UFPR)
	Edmeire C. Pereira (UFPR)
	Iraneide da Silva (UFC)
	Jacques de Lima Ferreira (UP)
SUPERVISORA EDITORIAL	Renata C. Lopes
PRODUÇÃO EDITORIAL	Sabrina Costa
REVISÃO	Andrea Bassoto Gatto
DIAGRAMAÇÃO	Amélia Lopes
CAPA	Lívia Weyl
REVISÃO DE PROVA	Jibril Keddeh

*Só existe, só vale o momento presente. O passado não volta mais,
o futuro é incerto e virá provavelmente cheio de tristezas e decepções.
Cumpre, pois, aproveitar intensamente o momento atual,
que passa rápido como o esplendor transitório da rosa;
é mister colhê-lo e aspirá-lo antes que murche.*

Omar Kháyyám

AGRADECIMENTOS

A João Carlos Pecci, meu generoso amigo, meu mestre e guia supremo no mundo das letras. Gratidão pelo belíssimo prefácio deste livro, pelo afeto de sempre e pelo brilhantismo em tudo que faz.

A meu admirável e querido primo Silvestre Gorgulho, pela benevolência, por acreditar em mim, por topar ler o meu rascunho, pela majestosa apresentação deste livro e por caminhar comigo desde sempre.

A Jiro Takahashi, grande lenda editorial, minha gratidão por esses quase 40 anos de amizade, por estar sempre me incentivando e sensibilizando. Pela generosidade, extrema delicadeza e, acima de tudo, por ser no mundo dos livros uma imensa inspiração para todos nós.

Às minhas preciosas meninas brilhantes, Nathalia e Letícia, por suas considerações precisas, pelo estímulo constante, por serem minhas maiores certezas e faróis luminosos em minha vida.

E minha especial gratidão a Luiz Antônio, o famoso FB, homem íntegro, determinado, forte, perspicaz, inteligente e generoso, meu marido e meu Simão Cirineu desde 1992.

Para meus filhos, Nathalia, Leticia e Bruno (in memoriam),
com todo o meu amor.

APRESENTAÇÃO DA AUTORA
E DE SUA OBRA

Eliana Chaves são várias. Um dia ela é Eliana, e no outro, Lili. Para uns, é Lilica. Para outros, Liana. Até Lilibeth ela já foi. Já a chamaram de mineirinha, morena, paixão, benzinho, querida e 'mia luce'. Cabem nela tantas doçuras e tantos amores que Eliana Chaves, em 250 páginas de *Entre amores, cogitações e o inexorável relógio de areia*, revela-se em namorada apaixonada, esposa sensata, administradora do tempo, filósofa do amor e, sobretudo, em mamãe e vovó das mais corujas.

Autora de *Simplesmente, viver!!!*, um livro autobiográfico que vendeu em tempo recorde mais de 120 mil exemplares na década de 80, e de *A força do vento*, que mostra como o amor pode aquecer um coração pela primeira vez, Eliana Chaves se expõe de corpo e alma em seus livros e à linha da vida, sem lados, nem vértices, sendo tão somente o que ela é: simples, amorosa, reflexiva e verdadeira.

Lilica é da tribo dos intensos. Suas observações e seus escritos, filosóficos ou reais, apontam saudades, vontades, feridas, promessas e entregas. Difícil saber qual delas sangram, qual delas provocam lágrimas ou, mesmo, despertam sorrisos.

Liana, pelos seus casos e suas reflexões, leva o leitor a uma dúvida: vivemos, amamos e sofremos mais na imaginação ou na realidade?

Depois da leitura de *Entre amores, cogitações e o inexorável relógio de areia* eu compreendi muito mais sobre Eliana. Como um caleidoscópio, na medida que se aproxima e gira, ela nos oferece cores fascinantes e diferentes ângulos de observação. Compreendi, também, que tempos alegres, difíceis e apaixonantes passam. Pessoas fortes ficam. E pessoas guerreiras vão além: em lúcidos depoimentos pessoais – poéticos ou literários – consegue traduzir e transmitir o que é ser valente, excitante, ousada, pungente e suave.

Lili tem a arte de escrever, assim, olho no olho. E o dom de usar palavras como se fossem chaves para abrir, fechar e guardar no coração do leitor sua vida de paixão, ardor, frustações, solidariedade, doçura e amor.

Lilica, Liana e Lili têm faces e fases diversas. Faces como um diamante lapidado e fases de sombras, fulgor e brilhos assim como a lua.

Ao chegar ao final deste 'relógio de areia', os ponteiros param. É tempo de meditar. Hora de passar em revista as próprias histórias de vida. E há de confessar que, muitas vezes, caminhamos ao léu como andarilhos. Sem direção. Até sem criar limo e laços apertados. Mas, com certeza, livres para depositar todos os beijos, carências, lágrimas, abraços e sorrisos, que magicamente vivemos e revivemos, dentro de um porta-joias de memórias. Eliana Chaves é uma joia rara.

Silvestre Gorgulho

Formado em Comunicação Social pelu UFMG, em 1972. Foi professor-visitante (1981-1982) na University of Minesota (EUA), repórter do Diário do Comércio em BH; redator das revistas Veja, Quatro Rodas e Escola, e da Editora Abril; e colunista do Jornal de Brasília por 10 anos. Um dos mais conhecidos e respeitados jornalistas de Brasília. Criou seu próprio jornal, a Folha do Meio Ambiente, em 1989, onde foi Diretor-Editor. Ex-Secretário de Cultura de Brasília. Ex-Secretário de Imprensa da Presidência da República. Escritor, poeta, gestor e construtor. É autor dos livros A Flor do Cerrado – Torre de TV Digital de Brasília, De Casaca e Chuteiras: a era dos grandes dribles na Política, Cultura e História, e Luau de mim.

Eliana, tendo terminado de ler *Entre amores, cogitações e o inexorável relógio de areia* aproveito aqui para dizer o quanto fui tocado por seu livro. Você é um talento sensível e incrível. A leitura é muito gostosa. A gente vai lendo sem sentir o tempo passar, mas sentindo e degustando cada crônica, cada linda mensagem contida em suas reflexões ou nos casos pessoais. São textos pequenos que podem ser lidos quase como contos independentes, formando um todo que reflete um estilo marcado pela simplicidade, pelo amor que nos conforta e pela sutil observação do cotidiano. Lendo este maravilhoso livro, sentimos a somatória de todas as estações da humanidade sensível.

Jiro Takahashi

Jiro Takahashi é um dos principais editores brasileiros. Está no mercado editorial desde 1966. Um visionário. Foi diretor editorial da Ática, onde iniciou sua carreira. Trabalhou na Abril Educação, Nova Fronteira, Editora do Brasil, Ediouro, Clube do Livro, Rocco e Global (Nova Aguilar). Participou ativamente do desenvolvimento do próprio mercado de livros no Brasil. É graduado e mestre em Letras pela Universidade de São Paulo – USP. É professor universitário de língua, linguística e literatura. Atualmente, é coordenador literário da Zapt Editora e diretor executivo da Editora Nova Aguilar, respondendo pela edição de obras completas de clássicos nacionais e internacionais. Foi escolhido em 2024 para receber o troféu Contribuição ao Mercado Editorial do Prêmio PublishNews.

PREFÁCIO

Faz mais de 40 anos que conheço Eliana Chaves. Eu a vi pela primeira vez após uma palestra minha, trazendo um livro meu para que eu o autografasse. Olhava-me com olhos ansiosos, emocionados e expressivos, buscando algo mais do que o autógrafo. Dizia-me que estava escrevendo um livro. Não demorou e eu me deparava participando da revisão daquele texto manuscrito verdadeiro e emocionante. Iniciou-se então entre nós um longo período de ensinamentos e aprendizados mútuos, que se renovam a cada encontro. Ela me ensina um pouco mais como viver com simplicidade, apesar dos desafios que a vida impõe. Reflexos da difícil realidade da doença do filho, com a qual ela consegue conviver com altivez naquele seu primeiro livro, *Simplesmente, viver!!!* Paradoxalmente, a doença do filho não conseguiu consumi-la, ao contrário, fez nascer a escritora, que prosseguiu emprestando a altivez e a força de suas palavras ao personagem conflituoso de seu segundo livro, *A força do vento*, uma terna e apaixonante obra literária.

Agora, *Entre amores, cogitações e o inexorável relógio de areia*, ela revela também, nos contos e nas crônicas, conflitos humanos que se estendem pelas lembranças e experiências vivas de uma mulher que sabe ajeitar os ponteiros do relógio cotidiano, como se fossem dois lemes a orientá-la na descoberta de novos sonhos, no controle de paixões, na ânsia da felicidade. Ela nos mostra caminhos firmes e disciplinados, mas revela também a mulher que conta estrelas e sonha com novos mares e aconchegantes ancoradouros.

De dentro dela surge a menina simples, de pés descalços, entre rios, árvores, frutas e flores num sertão de luar e solidão. E agiganta-se a mulher urbana e pertinaz. A morte do filho, ao invés de derrubá-la, fez dela uma mulher arrebatadora, que conserva a chama da fé como sustento e equilíbrio, sem medo de se arriscar e ir mais longe. E ela prossegue nas letras deste novo livro, entre metáforas e a crueza dos ponteiros desse relógio inexorável. Tempo que, apesar das incertezas e incoerências, ofereceu-lhe mais duas filhas, retratos de um amor abastado e libertário de mãe que as ensina a voar livres e abraçar o mundo com destemor e criatividade. Tempo restaurador e magnânimo, que lhe ofereceu o amor cuidadoso de um homem forte que lhe devolveu também a alegria de viver.

Folheiem este livro e "conversem" com Eliana sobre as noites leves e mágicas e os inúmeros dias iluminados, apesar das angústias, da afobação e do rigor do relógio de areia. E aprenderão a leveza da efêmera felicidade dos dias sem pressa entre amores e cogitações sempre possíveis.

João Carlos Pecci

É paulistano e nasceu em 1942. Formado em Ciências Econômicas pela PUCSP, em 1965. Em 1968, sofreu um acidente de carro na Rodovia Presidente Dutra, que o deixou paraplégico e isso mudou radicalmente sua vida. É casado com Marcia e pui de Marina. É escritor, poeta, palestrante, letrista e artista plástico. É autor de Minha Profissão é Andar, *lançado em 1980, um livro transformador que virou Best-Seller pelo realismo e transparência na abordagem de assuntos humanos de natureza grave, sem pieguice nem vaidade. Outros livros vieram, como* Existência, O ramo de hortênsias, Vinicius - Sem Ponto Final *e* Velejando a vida. *É autor ainda de dois livros sobre a carreira musical de Toquinho, seu irmão violonista; em 2006,* Toquinho: 40 Anos de Música; *e em 2010,* Toquinho: Acorde Solto no Ar. *Em 2024, lançou seu mais recente livro,* Ser, Conceber, Evoluir.

SUMÁRIO

A ALMA E O TEMPO 23

SEM LIMO NEM LAÇOS 25

DEMORADAS CONTEMPLAÇÕES 27

UM GRITO DE MISERICÓRDIA 29

SENTADO NO CAIS 30

APESAR DE VOCÊ 31

SUPERAÇÃO 32

NOVOS TEMPOS 33

VALIOSO PATRIMÔNIO HUMANO 34

AS TRÊS MARIAS 35

UMA PARELHA DESIGUAL 37

DEPOIS DA CURVA 39

O CAIXEIRO-VIAJANTE 40

TSUNAMI EMOCIONAL 43

CONFINAMENTO OBRIGATÓRIO 45

AO CAPRICHO DA VENTANIA 47

DISSERAM-ME QUE... 48

O AMANTE E O AMADO.. 49

MINHAS CIRCUNSTÂNCIAS E EU 50

PANDEMIA 51

MARCAS DO TEMPO 52

PEQUENOS CASTELOS DE AREIA 54

O PAÍS DAS MARAVILHAS 55

A FELICIDADE VIVE DE MALAS PRONTAS 57

A TRISTEZA É DESCARADA 58

HOMEM INTROSPECTIVO 60

TRAVESSIA 61

PELAS JANELAS DA VIDA... 62

O BEIJO.. 63

DIÁLOGO DE UMA PAIXÃO... 65

VALENTIA.. 67

LINHA DA VIDA 68

DESEMPACOTANDO SONHOS... 69

SAIR À FRANCESA 70

SAIR COM ELEGÂNCIA.. 72

MOMENTOS DOURADOS 73

ANTES DE O AMOR CHEGAR... 74

UMA FÊNIX.. 76

SONHANDO COM OS MONTES URAIS 77

MINHA RECEITA DE HOMEM 78

ABRAÇO RODADO 80

REMINISCÊNCIAS DA GRADUAÇÃO................................... 82

MEMÓRIAS DO CARNAVAL 85

AMOR QUE SE DESFAZ 87

PARTÍCULAS ENTRELAÇADAS 89

MEUS SEGREDOS 90

OS DIAMANTES SÃO ETERNOS 91

O SILÊNCIO ADOECE 92

O CANTO DA SEREIA 93

AMOR-PERFEITO 94

ALÉM DO CERTO E DO ERRADO 95

O DIA EM QUE ME APAIXONEI POR VOCÊ 96

HÁ TEMPO AINDA 99

NÃO TE DEMORES 100

A FORÇA DO VENTO 101

PESSIMISTAS E OTIMISTAS... 102

OU ISSO OU AQUILO 103

HORA MÁGICA 105

A RUA ONDE MORO 106

UM CERTO OLHAR 108

HOJE SOMOS SAUDADE 109

SIMPLESMENTE, NATHALIA 110

OS FINS JUSTIFICAM OS MEIOS 112

MUNDO COR-DE-ROSA 113

ELA, O VELEIRO E O MAR 114

DESABAFO 115

PERFUME DE MULHER 116

EM UMA NOITE FRIA 118

A POMBINHA E O ROUXINOL 119

SER ECLÉTICA 120

BALÕES AO VENTO 122

SIMÃO PEDRO 123

DONA FELICIDADE 125

MÃE À DISTÂNCIA 126

GAUCHESCO 128

A OITAVA MARAVILHA 129

A MENTIRA TEM PERNA CURTA 131

OI.HOS DE LINCE 132

PÓ DE ESTRELAS 133

O QUE É QUE VEM DEPOIS DO FIM 134

ROSAS VERMELHAS 136

NOME PRÓPRIO 137

ELA 138

DEMÉTRIUS 140

UM JEITO POÉTICO DE RECORDAR 142

TEMA DE LARA 143

PERFUME ANGEL 145

PREFERIDA OU PREDILETA 147

DEDICATÓRIAS 149

O SORRISO DA LUA 150

AS RUAS POR ONDE ANDO 151

MINHA SÃO PAULO 152

MINHA JUMA MARRUÁ 153

PENA VERDE NO CHAPÉU 155

DESMEDIDO AMOR 157

OS OPOSTOS SE ATRAEM 158

S E... 159

A MENINA DOS MEUS OLHOS 160

REDES SOCIAIS 161

O HOMEM DE TANGA 163

O CATIVEIRO 164

O LIVRO QUE AINDA NÃO ESCREVI 165

ANIVERSARIAR 167

OS CINCO SENTIDOS NO AMOR 169

ENCANTAMENTO PELA VIDA 170

JESUS DE NAZARÉ 171

PELA RETINA DOS MEUS OLHOS 172

SILÊNCIO MATINAL 173

PABLO NERUDA 174

A LÁGRIMA É SALGADA 175

SOFRER OU ADOECER 177

OS SENTIDOS SÃO LIMITADOS 178

A GRITARIA DA REALIDADE 179

O CÉU DE MINAS GERAIS 180

AU REVOIR 181

FECHADO PARA BALANÇO 182

DE VOLTA PARA O ACONCHEGO 183

ESPAÇO GIRATÓRIO 184

NADA É PARA SEMPRE 185

PELAS PLATAFORMAS DAS ESTAÇÕES 187

TODA TUA. 188

O DISCRETO SORRISO DE MONALISA 189

SIM E NÃO. 190

BEM-ME-QUER... MALMEQUER 191

O ÓCIO, A POESIA E O AMOR 192

MALEIROS DO CORAÇÃO. 193

NÃO SONHO MAIS 194

SIMPLESMENTE, LETÍCIA. 196

CORAÇÃO VALENTE. 198

CONTO DO AMOR SEM FIM. 199

PÓDIO DAS RELAÇÕES HUMANAS. 202

APOGEU SENTIMENTAL 203

DIVINAS CONSOLAÇÕES 204

AS ROSAS E O TEMPO 205

A ALEGRIA SALVA 206

JE T'AIME MON AMOUR. 207

O TEMPO NÃO DESCANSA 209

SÃO NICOLAU 210

À ESPERA DA CHAVE. 211

BORBOLETAS NO ESTÔMAGO. 212

SONHO EM PRETO E BRANCO 213

ONDE EXISTIREI AMANHÃ 214

O SILÊNCIO QUE ALUCINA 215

POR QUEM OS SINOS DOBRAM 216

SIGNIFICATIVAS TRANSFORMAÇÕES. 218

OS COMBATENTES 219

CONVENIÊNCIAS 220

AMOR LEVADO À ENÉSIMA POTÊNCIA 221

PROFESSORES BRILHANTES 222

TARDE E NOITE 224

O MENINO APAIXONADO 225

BALANÇA INTERIOR 226

RODA-VIVA 227

CAMELOS E DROMEDÁRIOS 228

AS MÃOS DE MINHA MÃE 229

SOLUÇÃO MÁGICA 230

O COMANDANTE DO TEMPO 232

A BONECA CADEIRANTE 233

MULHER DE CORAGEM 234

ALMA EM DESALINHO 236

AMOR E DINHEIRO 237

A MENINA E A MULHER 238

GRACIAS A LA VIDA 240

AS DORES DO MUNDO 241

O TERMINADOR 242

POLIDEZ E INTELIGÊNCIA 243

MEU VINHO 244

O RELÓGIO DE AREIA 245

REFERÊNCIAS 247

A ALMA E O TEMPO

A alma e o tempo são inimigos fatais. A alma acompanha de perto os permanentes arroubos do coração, enquanto o físico é impiedosamente acompanhado pelas constantes urgências das estações. O tempo insiste em passar. A alma insiste em não envelhecer.

O tempo já me tirou muitas coisas. Ele é dolorosamente implacável e insensível, não permite durabilidades. A memória é diferente, ela é indulgente e muito mais condescendente, aceita vínculos eternos. Por pura complacência ela vai aglutinando e registrando em detalhes o que vejo e o que vivo e de maneira mágica perpetua tudo em mim.

Hoje criei coragem e me olhei no espelho, mas decepcionada baixei os olhos, pois não me reconheci naquela mulher de traços envelhecidos que me olhava assustada. Acho que eu ainda buscava a menina alegre e sonhadora de outrora, aquela adolescente risonha, intensa, vibrante, cheia de vida e de sonhos, mas infelizmente não a encontrei na imagem refletida no espelho.

Meu Deus, onde foram parar os sons das minhas risadas, a magia das paixões e as douradas certezas do depois? Cadê os passos flutuados e cantarolados de minha meninice? Desconcertada ergui a cabeça, ajeitei os cabelos, passei um batom nos lábios, ensaiei o meu mais bonito sorriso e novamente encarei a mulher do espelho. E curiosa lhe perguntei:

— Quem é você, afinal?

Ela respondeu com ar zombeteiro:

— Sou a somatória de todas as estações que você já viveu. Sou as histórias que você já contou. Sou os momentos que você inconsequentemente desperdiçou. Sou os dias e as noites. Eu sou o resultado de suas escolhas.

— E qual é o seu nome? - indaguei perplexa.

— Eu me chamo "Tempo".

SEM LIMO NEM LAÇOS

Ninguém percebeu, nem se importou, ninguém chorava por ele a não ser meu destroçado coração. Ele estava de partida. Levava uma pesada mochila nos ombros e no coração muitos sonhos desfeitos. Com ele vivi emoções inteiramente novas, coisas que jamais imaginei existir. Nos braços dele conheci alegrias intensas e felicidades imensas. Eu o amei profundamente desde o início, em todos os momentos e de todas as formas, mas não pude prolongá-lo em meu mundo nem permanecer no dele.

Quando afirmou não saber mais viver sem mim e necessitar de ajuda para conseguir me esquecer, não contrapus, apenas depositei o olhar na imagem adorada de seu rosto. Hoje lamento profundamente meu silêncio.

Sabia que ele estava indo embora para nunca mais voltar e que não haveria outro encontro para nós. Sabia que meu amor por ele despedaçaria minha alma para sempre e que meu coração gemeria de saudade todos os dias que ainda me caberiam viver. Eu deveria ter lhe confessado que sem seu amor jamais seria plenamente feliz outra vez, mas não o fiz. Naquele momento, orgulho e desencanto digladiavam-se ferozmente dentro de mim.

Ele partiu ao anoitecer. Estava visivelmente desolado, carregando no coração nossas bonitas lembranças e os versos de amor que não ousou me dizer naquele triste lusco-fusco. Suas últimas palavras foram soltas no ar, mas ficaram incompletas e sem sentido para meus ouvidos. Deduzi que me pedia perdão ou compreensão ou absolvição, sei lá, jamais saberei. Nosso círculo se fechou ali.

Permaneci cabisbaixa, completamente destroçada, como alguém que acaba de perder um mimo precioso. Só muito depois é que fui andando devagarinho pelas ruas sombrias, sustentando grande amargura em cada passo. Estava angustiada, aturdida, desmedidamente consternada, engolindo as lágrimas quentes que rolavam dos meus olhos.

Mesmo que ele me encontre casualmente em anos vindouros, jamais poderá reconhecer-me, pois do lugar onde me deixou já fui embora faz tempo e desde então não tenho mais permanência fixa nem espaços preferidos, ando devagar, sem nenhuma pressa. Vou perambulando pela vida afora, caminhando ao léu, sem alegria e sem direção. Não crio mais limo nem laços apertados, tornei-me uma andarilha, vivo por viver.

DEMORADAS CONTEMPLAÇÕES

    Ele chegou fazendo grande estardalhaço em meu coração. Como num passe de mágicas modificou meus antigos projetos, reformulou sonhos, moldou perspectivas, transformou radicalmente meu jeito de olhar o mundo e deu um significado profundo à minha vida. De modo muito peculiar coloriu de azul quase tudo que havia à minha volta, roubou meu tempo e fez de mim uma mulher realizada, forte, corajosa, predestinada, quase uma semideusa.

    Ele me olhava bem no âmago da alma com imensa curiosidade e depois me sorria com olhos inocentes, brilhantes e cheios de amor. Apreciava-me com ternura, de um jeito que jamais conseguirei esquecer. Ai, meu Deus, aquele brilho nos olhos dele era tão intenso que merecia ser eternizado de alguma forma. E eu, que não sou boba nem nada, tratei de não desperdiçar nossos momentos juntos e aproveitei para disparar incontáveis vezes a câmera de minha retina, fazendo sequências e mais sequências fotográficas daquele doce olhar.

    Precavida como sou, imaginei que no futuro pudesse haver entre nós um triste tempo de *apartheid*, por isso montei na calada da noite um estúdio fotográfico imaginário e fui revelando as milhares de fotografias que disfarçadamente tirava dele ao longo do dia. Colava uma a uma nos meus álbuns favoritos para poder revê-las nos tempos de ausência e escassez. Tive o cuidado de colocar datas em cada uma delas e nas mais especiais botei lembretes de identificação com coraçõezinhos, asteriscos ou pequenos balões coloridos. Tenho no meu baú de recordações álbuns de vários tamanhos e cores recheados de imagens lindas dele. Fotografei sistematicamente seu rosto sereno, os cabelos negros, o olhar atento e suas gostosas gargalhadas na presença dos amigos. Guardei imagens de todos os jeitos: ao telefone, lendo, cantando, assistindo televisão, compenetrado, no computador, sorridente, ansioso, cabisbaixo, feliz... E as reproduzi com bastante cuidado. E como em um piscar de olhos, vinte e quatro anos se passaram.

Tão entretida vivia eu na presença dele que nem percebi que já se aproximava o dia de sua partida. Tão entretido estava ele aproveitando intensamente os dias que lhe cabiam viver que nem percebeu os *flashes* do meu gesto amiúde. E olha que abusei dos cliques e closes. Foram muitos. Capturei aquele meigo olhar de diversos ângulos e agora faço dessas imagens minhas mais valiosas e demoradas contemplações.

Ele partiu deixando comigo o fardo esmagador da perda, mas nunca foi realmente embora. Na realidade, ficou aqui, guardado no meu extraordinário baú de recordações. E quando a saudade aperta demais meu peito lanço mão dessas lindas fotografias capturadas por minha retina. Elas são a minha salvação, o meu auxílio, a minha redenção. Elas são uma espécie de milagre.

UM GRITO DE MISERICÓRDIA

Estar ao lado dele até o fim dos tempos é um grande sonho de amor. Assim também como me permitir sonhar com ele diariamente, ainda que a cruel realidade venha a todo instante me advertir: você não se recorda mais de tudo aquilo que ele te fez? Cadê seu amor-próprio, menina?

Esse fato desperta minha autoestima, que se habituou a viver sonolenta, e sacode violentamente minha dignidade, que ultimamente também vive aos trancos e barrancos, entorpecida pelos cantos. Tento partir. Choro. Então fico. Deixá-lo partir também me faz chorar. O instinto de sobrevivência surgiu apressado e gritou alto em meus ouvidos: pelo menos dessa vez pense só em você. Pensei. Opto por mantê-lo por perto. Fui imediatamente absolvida. É um grito de misericórdia, uma consciente alternativa de comiseração comigo mesma.

As grades dessa invisível prisão sustentam meus cambaleantes passos. Mas no fundo, bem lá no fundo de minha velha decência e altivez, ainda me resta a certeza de um incoerente desequilíbrio: quando amo o outro desmedidamente é porque está faltando uma descomunal dose de amor por mim mesma.

SENTADO NO CAIS

Ele afirma que sempre estará sentado no cais esperando pelo dia do meu retorno, mesmo que eu lhe diga que não embarquei. Pede que eu volte o quanto antes, diz que me ama loucamente e que sente minha falta. E como se não bastasse, ainda afiança: "Aqui ou aí ou em qualquer outro lugar que juntos estivermos, para nós sempre será a Terra de Canaã, pois nela sempre 'corre leite e mel'".

Sorrio largamente com a analogia bíblica da qual ele lança mão para falar do nosso relacionamento futuro. São símbolos poderosos de abundância, fertilidade e bênçãos, um lugar lindo de riquezas e promessas. Sinto nesse momento que de uma forma ou de outra ele bravamente e sem titubear também abrirá as águas revoltas do mar em busca de nossa "Terra Prometida".

Vejo uma estrela cadente riscando o céu, anunciando esperança. A esperança é sempre a primeira a nascer, é ela que me traz confiança e alegria. Respiro fundo. Meus olhos cintilam. Resplandeço-me. Alguém já escreveu que o amor será sempre a resposta para tudo. Concordo, em parte, só em parte. Eu diria que nem tudo, que nem sempre.

O toque estridente do despertador me chama. Acordo assustada, mas absurdamente feliz. Estava sonhando com ele de novo. Essa memória aquece e acaricia meu coração. O amor é pujante e generoso, ele me faz celebrar efusivamente os tempos imaculados que tivemos e os tempos memoráveis que certamente ainda teremos.

Pelo menos por hoje essas lembranças são capazes de mudarem inteiramente o brilho e o formato de minha alma.

Há tanta beleza, lucidez e fulgor nessas memórias!

APESAR DE VOCÊ

Você trancou portas e janelas, limitou meus passos, podou minhas asas e retardou meu voo, mas não conseguiu acorrentar meu espírito. Isso, não!

A despeito de você, minha alma volita livre e esvoaçante para além dos muros invisíveis que me cercam. Os grilhões imperceptíveis não me aprisionam, não me dominam, não me anulam, não me invalidam, pois apesar do seu jugo ainda posso refletir e cantar, posso cogitar e amar. Apesar da opressão de seus atos, da rigidez de suas palavras, da rudeza de seus gestos, da submissão do meu corpo, da coação e da servidão que me são duramente impostas, permaneço inteira.

Quando estou comigo mesma tudo passa a ser mais bonito. Depois que as luzes se apagam você dorme, aí nessa hora eu sonho, divago, penso e espero. Apesar de você, essas capacidades estão aqui comigo desde sempre, elas ficam guardadas para existirem somente quando você me perde de vista. Nessa hora sou livre; apesar de você, eu existo.

SUPERAÇÃO

    A vida é mesmo assim, composta de paixões e muitos desafios diários. Às vezes viver é uma luta ininterrupta e desumana, quase inglória. Se entendermos que a vida é como o movimento cardíaco composto de sístole e diástole, a noite escura fica mais suportável para esperarmos tranquilamente o alvorecer.

    Quando a escuridão da noite vem amedrontar meu espírito e acelerar as batidas do meu coração, ou quando as estrelas se apagam querendo diminuir a determinação e a intensidade dos meus passos, respiro fundo, convoco imediatamente a razão e sigo em frente. É um dia de cada vez – digo para mim mesma –, então decido secar as lágrimas que insistem em cair dos meus olhos e com disciplina vou caminhando lentamente, passo a passo, rumo ao não sei onde. São momentos de debilidade e desânimo, de asas de chumbo e grande cansaço da alma. Mas não me permito parar. Meu objetivo, primeiro, é sobreviver mais um dia. Persisto nesse caminhar. E para focar a mente e criar benefícios para a saúde mental repito baixinho o infalível mantra: "Só hoje... Só por hoje... Só mais um dia". E assim vou indo adiante... Vou indo... Vou indo.

    A disciplina é um hábito que deve ser reforçado dia após dia, custe o que custar. Já disseram por aí que são três os degraus para se conquistar a superação: Luta: "Eu não posso!". Disciplina: "Eu não quero!". Liberdade: "Eu não preciso!".

    Em que degrau dessa montanha eu me encontro? Ah... Realmente não sei lhe dizer. Não consigo olhar para trás, tenho medo de vertigem.

NOVOS TEMPOS

Não quero mais estar enraizada em terra firme. Quero bailar em águas azuis, seguir novos roteiros, ver outras paisagens.

Quero viver novos tempos, respirar outros ares, seguir direções similares ou opostas, celebrar a vida ao capricho das circunstâncias.

Quero comigo apenas a lua cheia e um barco para velejar sobre o acalanto do vento, por longas distâncias, em águas calmas.

Quero contar estrelas, atravessar estradas e mares, tocar a Linha do Equador, contemplar mansamente o firmamento, com leveza de alma.

Quero sentir o sol arder em meu corpo, ancorar meu barco em praias desertas, em pequenas baías, entre recifes de corais.

Não levarei relógio nem bússola, soltarei as velas, desatarei as amarras, desprenderei o cabelo e entregar-me-ei à boa sorte da rosa dos ventos.

Não lançarei minha âncora em nenhum porto seguro, pois estarei segura ancorada em mim mesma.

VALIOSO PATRIMÔNIO HUMANO

Em uma pequena caminhada pelas ruas vazias da cidade avistei um lindo sabiá-laranjeira pousado entre os galhos de uma árvore frondosa. Quando percebeu que parei para fotografá-lo não voou de imediato; pelo contrário, permaneceu quietinho, mudo e solitário. Antes de afastar-me joguei-lho um beijo demorado, sentindo que naquele momento a saudade de um passado notável inundava meu peito. Uma saudade doída de tudo e de todos, saudade de dias radiantes e encantados.

Enquanto escrevo certifico-me de que a memória é o maior e mais valioso patrimônio que temos por sua extraordinária capacidade de captar, armazenar, recuperar, evocar fatos e cenas já vividas.

O passado inteiro mora em nós e repousa nos compartimentos abençoados da memória. Ela está sempre pronta a nos servir, vive de sentinela, ao nosso bel-prazer. Ao ser acionada abre automaticamente suas comportas e jorram livremente as lembranças evocadas, que voltam para nós como se fossem o movimento indomável do vento que avança em espiral. E não há restrições ou regras. Tudo é destrancado. Tudo aquilo que estava cuidadosamente armazenado fica disponível para nós. E o sorriso se alarga. E o coração se alegra. Então nessa hora há esperança, há vida. Pelas lembranças sorrimos alegremente. Pelas lembranças choramos tristemente. Pelas lembranças vivemos e revivemos, magicamente.

A memória é uma dádiva preciosa, um valioso patrimônio, um milagre divino.

AS TRÊS MARIAS

Nossa primeira comunicação foi silenciosa, só por olhares. Tempos depois, em um estacionamento aberto, em pleno domingo de Carnaval, sob um céu crivado de estrelas muito brilhantes, vislumbrei embevecida três delas de mesmo brilho reluzente, lindamente alinhadas e enfileiradas. Era o Cinturão de Orion, popularmente conhecido como as notáveis "Três Marias".

Desde muito jovem meu pensamento cristão levou-me a crer que essas "três brilhantes senhoras" fossem a Santíssima Maria, mãe de Jesus; a Maria, irmã de Lázaro e Maria Madalena, a impura pecadora que foi entendida, defendida e perdoada por Jesus, tornando-se depois sua mais querida seguidora.

Pertinho dali uma animada banda cantava em ritmo carnavalesco: "Não existe pecado do lado de baixo do Equador, vamos fazer um pecado, rasgado, suado, a todo vapor [...]".[1] A música animada chegava aos meus ouvidos e fundia-se com as fortes batidas do meu coração. Aquele som contagiante ia aos poucos se misturando às imaginárias serpentinas e confetes coloridos, mesclando-se como feitiço ao pozinho prateado das estrelas.

De repente, não mais que de repente, ele se aproximou de mim. Fez um comentário elogioso a respeito da flor amarela que eu usava no cabelo, afirmando ser uma cor inspiradora, que despertava leveza, beleza, descontração, juventude e alegria.

Ele sorria sedutoramente. Eu o olhava enternecida. Senti um forte calafrio percorrer minha espinha quando percebi que ele se encaminhou para mais perto de mim, muito mais perto. Lembro-me perfeitamente de seu magnetismo e de seu fascínio, dos detalhes de seu lindo sorriso e das

---

[1] BUARQUE, Chico; GUERRA, Rui. *Não existe pecado ao sul do Equador*. Ney Matogrosso. 1973.

palavras que magicamente pronunciou: "Feche os olhos". Totalmente hipnotizada, fechei-os sem contestação, sem ao menos lhe perguntar para que ou por quê. Primeiro veio o tremor e o espanto pelo beijo roubado, em seguida o êxtase delirante por ter sido um beijo cinematográfico, demorado, lambuzado, sussurrado. Simplesmente inesquecível.

Em algum ponto secreto do coração soube que aquele explosivo sentimento atravessaria comigo minutos, horas, dias, semanas, meses, anos, décadas, muitas décadas. O beijo voluptuoso dele tinha o gosto doce de "quero muito mais", o sabor do absolutamente inconfessável e a certeza de que aquela rendição continha uma fragrância memorável com desejo de eternidade.

Naquele momento tive a convicção de que nascia ali uma paixão avassaladora, não à primeira vista, mas ao primeiro beijo. Era como se tudo aquilo fosse a voraz correnteza de um rio caudaloso, do tipo que nos arrasta para a sua profundeza. Mergulhamos fundo, sem medo. Dispensamos a ajuda de boias, barcos, canoas, lanchas e embarcações. Driblamos marés fortes, águas rasas e redemoinhos. E flutuamos. E nadamos submersos, às vezes de peito, às vezes de costas, mas na maioria das vezes de braçada. E fomos ardentes, aproveitamos ao máximo todos os minutos daquele nosso rio impetuoso de paixão.

Perplexa, intui que dali por diante, quando ele estivesse longe dos meus olhos, eu iria tirá-lo com muita assiduidade do meu baú de recordações só para passar horas e horas com ele.

E depois de tantos anos encontro-me aqui, absolutamente inebriada com essas lembranças e percepções, achando que Ney Matogrosso tem toda razão ao cantar lindamente: *Não existe pecado ao sul do Equador*. Realmente não deve existir mesmo, sobretudo durante o alucinado batuque carnavalesco composto de um molhado "riacho de amor, feito de pecado rasgado, suado, a todo vapor".[2]

Para todo o sempre guardarei comigo as indeléveis lembranças das brilhantes Três Marias, de nós dois juntos e de nosso memorável Carnaval de paixão e luxúria.

---

[2] *Idem.*

UMA PARELHA DESIGUAL

Ele é o côncavo; eu, o convexo.

Ele razão; eu, emoção.

Ele amanhã; eu, agora.

Ele Sol; eu, Lua.

Ele avião; eu, trem.

Ele verde; eu, azul.

Ele calor; eu, frio.

Ele engenharia; eu, filosofia.

Ele silêncio; eu, prosa.

Ele calmante; eu, estimulante.

Ele evasão; eu, permanência.

Ele recolhimento; eu, convívio.

Ele dia; eu, noite.

Ele acaso; eu, escolha.

Ele yang; eu, yin.

Ele frustração; eu, esperança.

Ele mar; eu, montanha.

Ele planejamento; eu, improviso.

Ele silencia; eu, choro.

Ele sonha; eu, vivo.

As estrelas dele estão nos ombros; as minhas, no olhar.

Separados, somos antagônicos; juntos, convergentes.

Sim, somos encaixe, acréscimo, complemento, arremate.

Fomos.

Somos.

Ainda seremos?

Talvez, quem sabe?

Quem dera, amanhã.

Tiro meu chapéu para quem consegue lutar bravamente para não se perder nesse labirinto de contrários. Faço grande reverência aos que conseguem somar essas forças antagônicas e fazer dessa dispare parelha uma grande dupla!

DEPOIS DA CURVA

O que há depois daquela curva onde meus olhos não conseguem alcançar? Uma reta? Ciprestes? Um arco-íris? Um lago? Um caminho sinuoso? Um pote cheio de ouro? Um abismo? Flores? Um mar azul?

Não sei. Sei apenas que minha paixão por ele se tornou um verdadeiro desatino, quase que um fulminante delírio. Minha insensatez quer seguir em frente com sua bisbilhotice, mas minha prudência diz que não me convém. Minha curiosidade afirma que posso, mas minha dignidade assegura que não devo.

Engato marcha à ré. Retrocedo. Desisto desse desvario, mas meu coração se faz de desentendido e prossegue em suas cogitações.

O que há depois daquela curva, lá onde meus olhos não podem ver? Não sei. Sei apenas que nem todos os caminhos foram feitos para caminhar.

O CAIXEIRO-VIAJANTE

A vida fluía para eles como se não houvesse o ontem nem o amanhã. Eram felizes assim. Viviam intensamente os momentos fugazes da vida como se precisassem aproveitar avidamente cada instante para o caso de o futuro nunca chegar. Ficavam horas e horas imaginando as oportunidades que teriam, o que fariam e a felicidade que sentiriam em algum canto distante da Terra depois que ele se aposentasse de sua ocupação de caixeiro-viajante.

Era rotineiro ficarem fisicamente separados durante a semana, ela aqui e ele por aí, mas em pensamento ele sempre estava nela e ela nele, de todas as formas, em todos os lugares. Na ausência dele, ela não dava um passo sequer sem lhe dizer depois aonde fora, com quem, por que e até quando. E ele fazia o mesmo. Não havia dia nem noite em que não dançassem no pensamento um do outro até quase o amanhecer. Há tempos o casal vivia um amor bonito, uma paixão avassaladora.

Embora vivessem separados durante os dias da semana, o caixeiro-viajante sempre se antecipava aos caprichos e às saudades de sua amada e a impressionava com presentes inesperados, palavras doces e visitas surpresa. Ela, por sua vez, insuflava o ego dele com comidinhas especiais, lava-pés quentinhos, prazeres e carícias de amor, certa de que tudo se alinharia e que teriam sempre na boca o gosto adocicado do romance eterno. Ela viu nele sua certeira possibilidade de conseguir agarrar a felicidade perene e os três juntos formarem um sólido e duradouro triângulo amoroso.

Alguns anos se passaram e um dia a rotina veio morar com eles. De repente, ele começou a se sentir entediado e a espaçar suas voltas para casa, alegando cansaço de tantas idas e vindas. Ela principiou a sentir saudade do incrível passado que tiveram e a ter outros sonhos para o futuro.

Naquela sexta-feira de verão escaldante ela acordou diferente, mas como de costume, pensou nele. O mercador ambulante era sempre seu primeiro pensamento do dia, mas naquela manhã quente seus pensares eram levados pelo vento que arrasta tudo, numa enxurrada esquisita e delirante.

Ela sabia que ao anoitecer seu amado peregrino voltaria para casa e a faria feliz de novo, que retomariam a conversa do exato ponto em que haviam parado e tudo ficaria bem entre eles, pois o final de semana inteiro era sempre reservado para o amor ou para banir ressentimentos, esclarecer dúvidas e colocar os pingos nos is.

Inexplicavelmente, aquele dia estava diferente dos demais. Ela sentia ansiedade e tinha o coração sobressaltado. Decidiu tomar um banho demorado, secar seu cabelo ao vento e depois enfeitá-lo com uma tiara de flores miúdas. Vestiu uma blusa branca e saia azul de poá, perfumou-se inteira e pouco antes do horário que seu amado itinerante costumava chegar foi esperá-lo no portão que margeava a rua. E ali ela ficou por muito tempo, olhando seguidamente para o relógio de pulso, à espera de seu querido mercador ambulante.

Mas as horas foram passando e nada dele aparecer. Ela esperou... esperou... esperou..., mas foi em vão. "Naquela sexta-feira ele não veio nem a avisou de que não viria. O que poderia ter acontecido além da insignificante discussão que tiveram na véspera de sua última viagem?" – pensou agoniada. "Divergências são normais em qualquer relacionamento, mas não vir, nada dizer e pôr fim à relação dessa forma parecia-lhe verdadeiramente impossível. Alguma coisa mais grave haveria de ter acontecido com ele."

Ela ficou sentada ali por mais algum tempo, parecendo estar em transe. Estava abismada, pensativa, com o coração nas mãos e a alma entre os dedos, mas depois de algumas horas de espera inútil se rereguu abruptamente, entrou em sua casa, pegou documentos e o pouco dinheiro que tinha, trancou portas e janelas e saiu apressada pelas ruas atrás de seu caixeiro-viajante.

Andava resoluta no encalço dele, olhando para todos os lados, soluçando. Durante quinze dias e quinze noites ela o procurou por todos os lugares, até mesmo nos mais improváveis. Percorreu ruas, casas, bares, praças, pensões, armazéns, restaurantes, lojas, sítios, fazendas, delegacias, igrejas, becos, hospitais, necrotérios, hotéis, bordéis e estradas, mas não o encontrou.

Perguntava a todos que encontrava pelo caminho sobre o paradeiro de seu mercador ambulante, mas ninguém o tinha visto. Tudo nela chorou. Eram lágrimas descoloridas, com gosto amargo de fel. Nada mais havia em seu coração a não ser angústia, decepção e desilusão. Então ela resolveu partir de vez e foi embora com o pouco que lhe restou no despedaçado coração.

Dizem que o amor é irmão-gêmeo da dor. Amar dói, mas não amar é um caminhar no vazio, um andar lesionado e mortificado. Não amar é tornar-se insignificante sem agregar valor nenhum ao viver. Não amar faz com que a vida perca seu viço, que se apequene e se encolha.

Dizem que nos sentimos verdadeiramente curados quando o primeiro pensamento da manhã já não é mais no ser amado. Será verdade? Se assim for, a mulher do caixeiro-viajante prossegue irremediavelmente doente do amor.

TSUNAMI EMOCIONAL

Um pungente vendaval passou pelas entranhas do meu coração e em seguida veio o desabamento total. Fiquei assombrada olhando para as toneladas de entulhos que se avolumaram ao meu redor. Tudo estava fora de lugar: minha autoconfiança fora totalmente despedaçada, o coração estilhaçado, os sonhos trincados, os pensamentos embaralhados, o futuro destruído e todas as ilusões irremediavelmente perdidas. Um verdadeiro tsunami emocional.

Difícil encarar tamanha ruína. Respirei fundo uma, dez, cem vezes. Era preciso reunir forças para enfrentar aquele caos interior. Talvez fosse melhor varrer todo o entulho para algum canto secreto da minha alma, mas não o fiz. Preferi afastar os cacos moídos, sentar-me no chão encolhidinha e tentar resgatar a razão que ainda se encontrava esmagada entre os escombros.

Digerir tudo que tinha acontecido era difícil demais. Eu me sentia arrasada e impotente, não tinha respostas para as milhares de perguntas que fervilhavam em minha cabeça, por isso fechei os olhos e mergulhei em um sono profundo em busca de lucidez, retornando a mim mesma somente semanas depois.

Jamais acreditei que minha alma pudesse ter uma regeneração completa. Sabia que carregaria por muito tempo uma imensa ferida aberta no coração, que minha rotina mudaria, que andaria por ruas que me fariam chorar, que jamais conseguiria ouvir novamente as músicas que faziam parte da nossa trilha sonora. Ele estava em absolutamente tudo que me rodeava, em todos os lugares. Sabia que a vida sem ele nunca mais voltaria a ser o que fora, que seria imprescindível reformular as coisas, fazer as pazes com minhas memórias, dar novo sentido a elas, para que, no futuro, fossem lembradas sem desespero.

Foi um fim de rota, uma ruptura que desmontou tudo e tirou meu chão. Foi uma desatinada quebradura que enfraqueceu minha razão de viver. Seria preciso acalmar os ânimos exaltados, repousar a alma exaurida e dizer adeus à pessoa que fui. Naquele momento as melhores lembranças dele gritavam alto em mim, fazendo grande alvoroço em meu coração, mas com o passar dos dias seriam devolvidas ao passado e lá permaneceriam guardadas em gavetas douradas, até que o tempo fizesse com esmero seu nobre papel de curar, deixando-me disponível para o porvir.

Ainda que eu estivesse totalmente devastada, sabia que mais cedo ou mais tarde redescobriria minha coragem e minha força, sabia que jamais estaria sozinha nesta vida, pois à minha volta existiam pessoas especiais que me acolheriam e me protegeriam. Mesmo de coração partido não hesitei em correr para os braços abertos que sempre estiveram a postos me esperando e neles fiquei encolhidinha soluçando, dando tempo ao tempo.

Apesar de completamente destruída, eu ainda acreditava no amanhã.

CONFINAMENTO OBRIGATÓRIO

Em tempos de isolamento social obrigatório, como estão vivendo trancafiados (ou sobrevivendo) os casais que outrora estavam juntos apenas por interesse ou por simples e mera conveniência?

Como lidam agora com tamanha proximidade? De que forma conseguem preencher as 24 horas do dia? Como esses casais estão driblando as imensas incompatibilidades de gênio, as gritantes diferenças de idade, os antagônicos interesses televisivos e o imenso desnível cultural? Será que o corpo sarado, os cartões de crédito, a mordomia ou a beleza física conseguem sustentar o relacionamento conjugal nesse forçado, recluso e estranho tempo? Será que a juventude ou a maturidade dos cabelos brancos sustentam e preenchem a inércia assustadora das horas?

E os casais que estavam juntos por afinidade e amor? A convivência intensa durante o período de isolamento social acabou contribuindo para refinar ou para desgastar a relação? Será que o sentimento de ambos aumentou? Fortaleceu-se? Abrandou? Retrocedeu? Aflorou? Desandou?

Nesse estranho tempo de confinamento haverá ocasião para múltiplos questionamentos. Quais são as lições e quais serão as conclusões que tiraremos dessa forçada proximidade nesses tempos turbulentos? Esse é o tempo do grande mergulho interior, tempo de se olhar no espelho e se perguntar: e agora?

Quando o isolamento social obrigatório acabar e a normalidade dos dias se instalar, será imenso o aprendizado acerca de nossas escolhas amorosas e de nós mesmos. Certamente a razão argumentará de um lado e a emoção retrucará do outro. Quem vencerá esse embate? Será que haverá nova acomodação de almas ou dar-se-á um triste desenlace de corpos?

Na argumentação entre casais há sempre aquele que é mais arguto, um verdadeiro mestre da retórica e da oratória, que tenta convencer o outro que a verdade é relativa, múltipla e mutável. Esse tipo sofista é normalmente perito na arte de vencer discussões por ter habilidade para usar seu discurso de forma persuasiva, para convencer o outro de suas ideias e atos, é habilidoso e capacitado para mesclar, amenizar e apagar suas próprias ambiguidades.

Acredito que no final, sendo a razão quem é, jamais poderá negligenciar ou deixar de racionalizar esses comportamentos dúbios. Sem dúvida, o tempo dissolverá o embuste dos relacionamentos interesseiros e manterá só a verdade daquilo que é o essencial.

Que prevaleça sempre o amor desinteressado e genuíno. Que prevaleça a verdadeira transparência do essencial. Que assim seja!

AO CAPRICHO DA VENTANIA

Somos um sopro, um alento, uma comoção, uma minúscula faísca da divina centelha da criação. Somos um pulsar diário de mentes pensantes e corpos cambaleantes, valsando pelos salões da vida, driblando intempéries, desfraldando bandeiras imaginárias, agarrados a estandartes fantasiosos que tremulam ao vento, sendo levados diariamente de lá para cá e daqui para lá, a esmo, flutuando no ar sob o querer entusiasmado ou irado do vento, à mercê de sua cólera ou complacência.

E assim estamos nós, caminhando aos tropeços, sendo arrastados pelas ansiedades e pelas tribulações diárias, sem a ciência de onde realmente encontra-se o pêndulo do cronômetro, sem sabermos ao certo onde estamos, para onde vamos e quando iremos parar.

DISSERAM-ME QUE...

Cuidado com os boatos que você ouve de terceiros e com tudo que supôs ser categoricamente verdadeiro. E mais cuidado ainda com o que você espalha por aí. Esteja atento. Vigie suas palavras sem cessar e não as replique indiscriminadamente. Seja uma pessoa criteriosa e ponderada. Faça sempre uma seleção prévia de seus dizeres, com muita responsabilidade e compaixão, pois o Diabo vive à solta e carrega com ele seus três secretários particulares para tentar confundir e arrastar você para longe da prudência e da moderação. São os senhores: "Falaram-me", "Contaram-me" e "Disseram-me".

Tiro meu chapéu para quem têm empatia pelo semelhante, filtrando tudo aquilo que vai pronunciar, dizendo apenas o que têm certeza de ser a mais cristalina verdade, ponderando se é realmente útil para alguém o que vai ser dito. A verdadeira empatia está em se colocar no lugar do outro, em ter discernimento ao falar e mais benevolência para se calar no momento exato.

A grandeza de espírito é ter bom senso e saber peneirar os rumores que lhe são contados, diferenciando o que deve ser guardado só para si ou esquecido, daquilo que deve ser lançado ao vento. Isso se chama benignidade. Esse é o caminho certo da generosidade, é a mais curta passagem para nos levar à magnificência.

Seja grande!

O AMANTE E O AMADO

Nos relacionamentos afetivos existem sempre as duas faces da mesma moeda amorosa, dois seres completamente distintos: o amante e o amado.

O amante ama seu amado sem reservas. É apaixonado, autêntico, romântico e um doador inveterado.

O amado, ao contrário, ignora a incumbência e a responsabilidade de ser o fiel depositário do coração de seu amante. Trancado em sua inaptidão sentimental, prefere cruzar os braços indolentemente. Ele limita-se a ser amado e idolatrado.

Salve-se! Salve-se!

MINHAS CIRCUNSTÂNCIAS E EU

Quem sou eu? Ora, esse é o grande cenário de minhas indagações. Na ânsia de entender melhor minha experiência humana transporto-me ao âmago de minhas reflexões. Hoje tenho consciência de que sou minhas circunstâncias. Elas e eu significamos um complexo emaranhado de fatos, pessoas, situações, ocasiões e acasos. Sou uma somatória de tudo que sempre me rodeou, a totalização de mim mesma e das urgentes ocorrências que suportei para me equilibrar e sobreviver, momentos cruciais da existência que resisti de várias formas, valendo-me dessas conjecturas.

Minhas circunstâncias olharam-me nos olhos e me abraçaram com força. Eu as recebi sem questionamentos. Assim, elas se embrenharam em minhas entranhas e fundiram-se com meu corpo e ao acompanharem as batidas ritmadas do meu coração pertenceram-me e, aos poucos, foram se dissolvendo completamente em minha alma.

A partir de então minhas circunstâncias e eu tornamo-nos uma coisa só. Hoje vivemos grudadas, coladas como se fôssemos irmãs siamesas, numa indivisível e inevitável conjunção. Temos uma relação de reciprocidade incontestável. É desse modo que atribuo a elas a pessoa que me tornei. Somos dimensões distintas, é verdade, porém inseparáveis, nessa intensa compilação de uma mesma vida. São as circunstâncias. Sou eu. Somos nós.

PANDEMIA

Vivemos uma grande pandemia. Quase quinze milhões de vidas foram ceifadas pela Covid-19, anuncia a OMS. O mundo inteiro ainda chora e enterra seus mortos. Aquele futuro tão aguardado já chegou. Desta vez ele não veio como costumava vir: pequenino, sorrateiro e sem nenhum *glamour*; pelo contrário, veio desnudado, anunciado, mal-humorado, carrancudo, espalhafatoso e sem disfarce de bonzinho. Chegou trazendo incertezas, medo, demarcando território, provocando lágrimas, deixando sequelas, isolando pessoas, fechando portas, exterminando vidas, lacrando caixões e fazendo-nos dobrar os joelhos e unir as nossas mãos em fervorosas orações.

O futuro veio soberbo, cheio de empáfia, fazendo curvas sinuosas, ameaçando-nos, trazendo dores, estupefação, isolamento e consternação. Veio tumultuando, confundindo, complicando, mudando planos e alterando rotas. Por sorte, merecimento ou milagre estamos vivos, fomos poupados dessa tragédia. O que nos cabe é ir em frente. A esperança nos faz prosseguir. Sejamos encantadores no agora e encantados somente no amanhã. O hoje é mágico, muito mágico. Ele está em nossas mãos e isso é fascinante. Aproveitemos a magia dessa dádiva.

O futuro já chegou, ele está aqui. Abra os olhos, veja bem. Ele veio embrulhado em papel de presente. Ele é tudo que realmente temos, resta-nos entregarmos a ele o conjunto daquilo que acumulamos para lhe dar quando aqui chegasse. Vamos recebê-lo com gratidão, olhá-lo com ternura, afagá-lo com mansidão e vivê-lo intensamente. O futuro já se transformou no agora. Você o reconhece? Qual é o semblante que ele tem? Chegou tal e qual você o esperava?

Aleluia!

MARCAS DO TEMPO

O tempo passa ligeiro e vai deixando sua inapagável marca em nós. Tudo que se pode viver nem bem começa e logo já se conclui. Fecham-se ciclos, encerram-se sonhos, arrematam-se dias.

Onde foram parar minhas bonecas de pano e aquele diário de adolescente repleto de poesias e segredos juvenis? Cadê meu uniforme escolar azul-marinho, o tênis bamba e aquele caderninho de mensagens apaixonadas com assinaturas tão preciosas? Quem jogou fora o invólucro amassado da carteira de cigarros "Albany" que eu guardava com tanto zelo como uma recordação do meu lindo professor? Em que rua ficou estacionada a rural vermelha de meu pai? Em que gaveta foi esquecida minha minissaia branca de florezinhas azuis? Onde foram parar os risos soltos da juventude? Onde dormem agora minhas coloridas fantasias de Carnaval bordadas de paetês e lantejoulas? Por onde andam aqueles lindos rapazes seresteiros que cantavam quase todas as noites debaixo de minha janela? Por que murcharam as rosas vermelhas que me chegavam acompanhadas de bilhetinhos apaixonados? Com quem ficaram meus discos de vinil de Johnny Rivers, Paul Mauriat, Nico Fidenco, Domênico Modugno, Glenn Miller, Sergio Endrigo, Franck Pourcel, Charles Aznavour, Johnny Mathis e Peppino di Capri? Onde descansam agora meus adolescentes anos dourados? Estão dormindo por aí de olhos vendados? Desvaneceram-se sem dó nem piedade?

Ah, tempo, por que esse corre-corre desenfreado? Para que tanta impaciência? Por que galopar nessa colossal sofreguidão? Quem conseguirá detê-lo, tempo? Você está com muita pressa, sua afobação está me consumindo. Por favor, eu te imploro, vá um pouco mais devagar.

Aproveitemos todos os momentos, vivamos intensamente todos os instantes, pois nossas lembranças serão um consolo depois que o tempo passar, e ele passa rápido como o esplendor transitório da rosa.

Que pena!

PEQUENOS CASTELOS DE AREIA

Primeiro houve um abalo de baixa intensidade. Ela nem percebeu, continuou dormindo e sonhando. Depois veio um tremor de proporções bem maiores. Ela acordou assustada, mas pensou que fosse um pesadelo. De repente, quando menos esperava, uma forte trepidação sacudiu seu palácio de amor que fora erguido apenas com planos, prazeres e expectativas. Não havia absolutamente nada de concreto. Em poucos minutos seu castelo de sonhos desmoronou, ruiu, veio inteiro ao chão.

Embora ferida gravemente, ela foi resgatada com vida do meio dos escombros, mas o prolongado tempo que permaneceu soterrada enfraqueceu-a. Sufocada por um véu de poeira engolia em seco. Estava ferida no corpo e na alma, e mesmo transtornada lutou heroicamente para sobreviver. Ela resistiu bravamente. E sobreviveu.

Passaram-se muitos meses, aos poucos ela foi se recompondo. Desde então qualquer barulhinho já a tira do prumo. Traumatizada, sente muito medo de dormir e novamente sonhar.

Hoje ela observa ao longe as formações das ondas e concentra-se apenas nas oscilações do tempo. Vive atenta aos abalos das ventanias nas edificações e demolições e só descansa verdadeiramente nos escassos momentos de calmaria. Ela teve que se reconstruir do zero, pois perdeu tudo que havia conquistado a duras penas. Mas entre tantas perdas que teve, a pior de todas foi perder a capacidade de sonhar. Agora ela só constrói pequenos castelos de areia e, assim mesmo, bem longe do mar.

O PAÍS DAS MARAVILHAS

Provocar a paixão, acender a chama do amor, enamorar-se, sentir-se enfeitiçado e encantar-se por alguém é sempre inesperado. Pode acontecer a qualquer momento, em qualquer lugar, sob qualquer condição, em um despretensioso vai e vem. Esse encontro pode se dar em um semáforo ou na praia, no banco escolar ou num baile de Carnaval, na padaria da esquina ou no saguão de um aeroporto qualquer. Pode ser assim. Sempre é. E quando os olhos de ambos se encontram tem-se a impressão de que um estava justamente à espera do outro. Somem as palavras, falta o ar e sobram calafrios.

Nosso encontro foi casual. Eu ia, ele vinha. Milhares já se encontraram assim. Ao vê-lo de perto nossas almas já se conectaram e tive a nítida impressão de que ele estava à minha espera. Foi um encontro acidental, meio mágico, despretensioso, um reconhecer-me nele, um encontrar-me confortavelmente numa outra alma que não era a minha, um sentir-me à vontade ao lado dele, como se eu estivesse em minha própria casa.

Experimentei naquele momento uma imensa alegria e sem conseguir compreender muito bem o que se passava comigo pensei quase que em voz alta: tinha certeza de que você viria ao meu encontro, por isso já deixei a porta entreaberta. Entre. Aconchegue-se. E nunca mais me deixe sem você.

Ele compreendeu de imediato que eu o esperava. Sem delongas entrou, acendeu todas as luzes e numa rápida cerimônia do olhar já cortou o bonito laço de fita vermelha que amarrava meu coração, inaugurando dessa forma nossos inesquecíveis dias de esplendor. Depois me abraçou forte. Ele era diferente de todos os homens que eu havia conhecido até então: culto, generoso, simples, determinado, bem-humorado e tão cheio de certezas que eu não titubeei e o abracei com todas as minhas forças, assim como quem abraça um raríssimo tesouro.

Ao abrir-me largamente à porta de seu coração, entendi que era eu a mulher que ele tanto procurava. Entrei, sem pestanejar, sabendo que cabia perfeitamente naquele espaço pulsante de elevada essência.

Seduzidos e arrebatados, tapamos os ouvidos a todos os sons e zarpamos apressados num iate encantado rumo a um magnífico paraíso particular. Era o nosso fantástico mundo, o verdadeiro país das maravilhas. Inebriados de amor apenas fechamos os olhos e desfrutamos dos melhores momentos de nossas vidas.

Um encontro dessa magnitude acontece uma única vez na vida. Só uma.

A FELICIDADE VIVE DE MALAS PRONTAS

A felicidade é uma hóspede temporária, uma visitante surpreendente, que nunca vem para ficar. Por saber que é bem-vinda, chega sem aviso prévio e faz brincadeiras com a gente. Às vezes chega de mansinho, meio tímida e sorrateira, fica por pouco tempo e logo se vai. Porém, de vez em quando, ela chega cantando alto, fazendo algazarra; mas é efêmera, nunca fica definitivamente.

A felicidade é uma "moça" arisca que jamais guarda seus pertences nas gavetas de nossa casa nem pendura suas roupas no armário. Ela vive de malas prontas, está sempre de passagem.

Não há felicidade permanente. Custei a compreender essa sua peculiar transitoriedade. Já que a felicidade é efêmera, então o que há de permanente nesta vida? Apenas a certeza dos zigue-zagues do caminho? Somente a luta ferrenha pelo pão nosso de cada dia? Claro que não! De permanente nesta vida há também a esperança de tudo se acertar, pois a esperança é sempre a primeira a nascer e a última a morrer. E há o arrepio que o inverno traz. De imutável há também o amor idealizado, o eterno sonho de Ícaro e o anual florir da primavera.

Que felicidade!

A TRISTEZA É DESCARADA

A tristeza é uma hóspede ranzinza, petulante, invejosa e mal-humorada. Ela mora no quartinho dos fundos da nossa casa interior e fala baixinho para não correr o risco de acordar a felicidade. Costuma ficar quietinha, acabrunhada, à espreita, só esperando que a alimentemos com pensamentos danosos para poder achegar-se mais e mais.

A tristeza é descarada, sabe que não é bem-vinda, por medo da rejeição logo que chega já desfaz suas malas e acomoda de qualquer jeito seus pertences nas gavetas. Embora seja provisória, busca a permanência. Custei a entender essa sua desastrosa essência.

A tristeza é uma velha conhecida nossa, uma hóspede perigosa que precisa ser vista, olhada, vigiada e muito bem cuidada. Quando se avizinhar pode até ser convidada para um bate-papo informal, embora sua fala sussurrada possa nos confundir e nos enlaçar.

Se compreendermos que a tristeza é uma eterna coadjuvante que faz parte integrante da vida de todos nós, quando ela quiser aparecer, que apareça, pois será recebida sem medo. Cabe a nós não ouvirmos seus lamentos, não lhe alimentarmos a fome, não a deixarmos à solta nem esquecermos a porta do quartinho dos fundos completamente escancarada; às vezes será necessário colocar-lhe tramelas e cadeados.

A tristeza permanente não é corriqueira, é rara! Custei a entender sua estranha maneira de ser. Às vezes está apenas adormecida em nós, noutras ocasiões está bem acordada. Se assim for, haveremos de combatê-la com substâncias e atos eficazes para que não se torne hóspede permanente.

De temporário nesta vida temos também o vendaval repentino, as inundações depois das chuvas e a escuridão da noite. E há ainda o verão escaldante, o cansaço diário e as dores de amor.

Que tristeza!

HOMEM INTROSPECTIVO

Ele se encontrava refastelado em sua poltrona predileta. Estava absorto, contemplativo, vagando tranquilamente em seus pensamentos e num súbito impulso interrompi seu silêncio e lhe perguntei sorrindo:

— O que você procura em mim, homem introspectivo?

Ele me olhou meio confuso, como se eu estivesse falando em idioma grego, árabe ou coreano. Demorou alguns segundos para me responder, jeito próprio dos homens ponderados e reflexivos, mas depois que conseguiu pisar novamente na Terra esboçou um bonito sorriso e afirmou categoricamente:

— O que temos.

— É o suficiente para você?

— Tenho certeza de que sim.

— Não renunciará a nós?

— Jamais conseguiria.

— E o que lhe dá essa certeza?

— Conectei minha alma à sua.

— Desde quando?

— Desde o primeiro instante.

— Até quando?

— Até o fim dos tempos.

— Então fim.

TRAVESSIA

      Ela fez exemplarmente sua parte em cada fase da vida, confiando mais na luta diária que nos braços cruzados, apostando todas as suas fichas no conhecimento que o estudo traz, ao invés de confiar na boa sorte da roda da fortuna. Agora é chegado o momento de vê-la bater asas e voar. Sei que onde estiver fará malabarismos e muitas acrobacias no ar porque ela é destemida, é aguerrida, do tipo que sempre faz um esforço maior e enfrenta com coragem as batalhas habituais que a vida lhe impõe.

      Ela se preparou muito para voar com suas próprias asas, por isso sussurrei em seu ouvido: "Não desista de seus sonhos, menina bonita. Paris te espera com suas luzes e cores. Junte-se a elas porque lá você também vai brilhar. Ao atravessar o oceano, desenhe no céu francês um coração gigante, porque essa é a sua marca registrada. Leve um sorriso estampado no rosto e o ofereça a todos que de você se aproximar. Você está preparada para exercer brilhantemente sua profissão, encontra-se pronta para a vida e para o amor, é chegado seu momento de ir. Não tenha medo. Voe alto. Deus está com você, Ele sempre estará com você. Conserve sua altivez e sua clássica felicidade. Mantenha no rosto esse radiante e lindo sorriso. Não perca a confiança nas coisas divinas. Conserve sempre acesa a chama de sua fé, pois nos momentos difíceis ela será seu sustento e equilíbrio. Faça novas amizades, mas nutra permanentemente as antigas. Você é como um diamante rosa 'ultrarraro', cuidadosamente lapidado, de brilho inigualável. Confie em você mesma. Vá. Pode ir. Chegou o seu momento. Você está pronta. Faça a sua grande travessia".

      E assim ela se foi!

PELAS JANELAS DA VIDA

Há ainda o verde, o cinza e o azul do firmamento. Há dores e adeuses pelas janelas da vida. Há pensamentos confusos e sentimentos cristalinos, todos muito bem-guardados para serem destacados, analisados e sentidos somente mais tarde. Quando? Assim que a noite escura vier rasgando o coração para atormentar e entorpecer meu espírito. Mas até quando? Até que finalmente eu decida colocar no rosto o meu mais bonito sorriso e possa dizer confiante para mim mesma: "É imortal, mas acabou!".

Afinal, o que é a vida senão um bocado de momentos que podem durar cem anos ou apenas um mágico e inesquecível instante?

O BEIJO

Afinal, o que é o beijo? Seria uma forma de diálogo? Uma comunicação interpessoal? Uma declaração silenciosa? Um abraço apertado entre duas almas? Seria simplesmente o fruto do desejo? Uma perfeita harmonia? Uma irretocável sinfonia? Não sei. Sei, porém, que há beijo que por si só pronuncia a sentença condenatória do marco eterno. Há vários tipos de beijo:

Há o beijo de novela.

Há o beijo da vida real.

Há o beijo que mexe com a gente.

Há o beijo que entrega a gente e sela a mais vil traição (Judas).

Há o beijo que nos faz levitar.

Há o beijo para valer.

Há o beijo que não dá para esquecer.

Há o beijo apaixonado.

Há o beijo demorado.

Há o beijo que cala fundo na alma.

Há o beijo que quase fala.

Há o beijo que pacifica.

Há o beijo apressado.

Há o beijo atrasado.

Há o beijo sonhado.

Há o beijo roubado.

Há o beijo que se dá com o olhar.

Há o beijo que se dá com a memória.

Existem beijos de todos os tipos: beijos cinematográficos, nobres, técnicos, melados, sussurrados, frios, quentes, deliciosos, idealizados, proibidos, surpreendentes, sensuais, eternizados e irremediavelmente inesquecíveis!

DIÁLOGO DE UMA PAIXÃO

Aprumei-me no sofá da sala para pegar o telefone sem fio que tocava estridente na mesinha ao lado. Já passava das 22h. Era ele de novo. Meu coração sobressaltou-se. Ao murmurar alô, ele já me disse sem preâmbulos:

— Há muito que estou no seu encalço, morena. Aceita jantar comigo amanhã?

— Amanhã? Hum... Infelizmente não vai dar.

— Por que não?

— Talvez seja por medo ou apenas por precaução - respondi.

— Só porque a convidei para escalar o Everest?

— Porque você é um perigoso poeta - retorqui.

— Poeta? Eu? Acha mesmo que poetas são perigosos?

— É que você...

Ele me interrompeu suavemente:

— Sou apenas um homem apaixonado. Não admira os poetas?

— Os poetas são sedutores, criativos, brincam bem com palavras e emoções alheias. Mas o que realmente me apavora é seu magnetismo. Se eu me fascinar será muito difícil recompor-me depois e conseguir regressar ilesa a mim mesma.

— Não te entendo.

— É que eu não suportaria a ideia de carregar no peito a dor de um coração despedaçado.

— Isso não acontecerá - afirmou ele, com convicção.

— Não?

— Claro que não! – E continuou cobrando uma resposta: – É a terceira vez que a convido para jantar comigo. Vai aceitar meu convite ou devo desistir de vez?

— Não desista não, pois as certezas são sempre provisórias.

— Gostei dessa maneira sutil de abrir brechas e criar expectativas para meu coração apaixonado.

— As expectativas animam e fazem sonhar, são molas propulsoras que nos impulsionam e nos ajudam a viver.

— Não correrá mais de mim, morena?

— É tarde, poeta. Aconteceu o que eu mais temia: você já fez de mim sua presa.

VALENTIA

Cresça, guerreira! Desempenhe seu dever nessa arena de leões famintos. Essa é a sua missão. Combata com determinação e coragem a fera esfomeada que quer te devorar.

Resista, guerreira! A vida é bela para quem consegue sair vitoriosa desse embate. Lute com galhardia. Não esmoreça, você vai sobreviver.

Respire, gladiadora! Repouse sua cabeça em meu ombro e descanse. Foram tantos dias escuros de luta e tantas noites nebulosas em claro. Poucos são escolhidos para viverem o que você vive, poucos teriam sua determinação e sua força. Sua aceitação é decisiva e determinante, abraçar de corpo e alma a nobre missão que Deus lhe confiou fará de você uma pessoa muito melhor.

Siga adiante, menina valente! Prossiga de cabeça erguida, com confiança e altivez, com a certeza de ter se fortalecido nesse combate. Sorria mesmo quando por dentro tudo em você chora. Sua história de vida é extraordinária. Orgulhe-se dela, porque eu me orgulho muito de você e dessa sua bravura.

LINHA DA VIDA

A linha da vida é um círculo, sem lados nem vértices. Daqui a pouco a gente se encontra de novo, sem hora marcada, sem pretextos, sob qualquer condição. E vamos rodopiando como plumas flutuantes, bailando com o tempo em constantes olás e adeuses, até que esse mesmo tempo decida nos levar embora de vez.

E seguiremos nosso destino carregando na pesada mochila imaginária o arrependimento do que fizemos mal feito e incompleto, transportando tormentos pelas lembranças de amores certos que deram errado, maldizendo as afeições negligenciadas, as paixões adiadas e aquelas que partiram para longe sem ao menos terem nos conhecido melhor, na certeza de que sobrevivem no coração da gente, não apenas como uma vaga e longínqua reminiscência, mas, sim, pela inegável força que há na ausência de quem se retira, pois quem parte acaba permanecendo indefinidamente na lembrança de quem fica.

DESEMPACOTANDO SONHOS

Que venha mais um dia de domingo, mais um bonito entardecer, mais mariposas azuis, mais um céu estrelado e mais uma noite de lua cheia.

Que o amanhã chegue pujante e traga meu grande amor de volta, em total segurança. Que ele me chegue inteiro, com um largo sorriso de certezas e a mente repleta de futuro.

Que saibamos soltar nossas amarras, desempacotar nossos sonhos para seguirmos de mãos dadas pelos meandros e sinuosidades do caminho.

Que consigamos trocar olhares cúmplices, unir nossos corpos quando a passagem do caminho se estreitar, entrelaçar nossos dedos, concedermo-nos grandes gentilezas e declararmos um ao outro incontáveis juras de amor.

Que troquemos alianças douradas, que meu telefone só para ele faça calorosas chamadas e que ele faça de mim a sua eterna bem-amada.

É assim que há muito eu o espero, para seguir sempre ao lado dele, nem que seja só pelos próximos duzentos anos.

SAIR À FRANCESA

Há pessoas que saem de nossas vidas repentinamente, à francesa. Saem pela porta dos fundos, sem se despedirem de nós de forma civilizada, como manda o figurino. Simplesmente desaparecem, sem colocar um ponto-final através de uma conversa séria e definitiva. Isso é muita crueldade. Isso não se faz, pois mexe com a autoestima daquele que foi abandonado. O desaparecimento fere o âmago da alma do parceiro, que fica desestruturado, mergulhado no pranto, no pasmo e no espanto, sendo vítima constante de uma avalanche emocional repleta de hipóteses e suposições vazias.

Somente os egocêntricos e os covardes somem dessa forma, sem explicações. Sair sem ferir o coração do outro é difícil, mas não se justifica, não há compreensão para o "fim à francesa". Não há absolvição. Se quiser ir embora, vá. Mas pelo menos diga que se apaixonou perdidamente por outro alguém ou que está decepcionado porque o outro não é tudo aquilo que você imaginou que fosse; diga qualquer coisa, invente uma desculpa esfarrapada, mas em hipótese alguma o sumiço silencioso. Isso nunca, jamais!

Saindo sorrateiramente você jamais irá embora de fato, apenas tornar-se-á invisível e deixará no coração do abandonado um permanente padecer. Ele carregará na mente um baú inteiro de perguntas sem respostas, um infindável vai e vem de questionamentos, um rastro eterno de angústias e amarguras.

Sair da vida do outro sem nenhuma explicação é muita covardia, dói demais. É um desconsolo sem fim. Não há uma conclusão. A razão não sustenta o coração e não ameniza a dor. Nada suaviza o impacto desse abalo, fica faltando a certeza do arremate, o triste carimbo do fim.

Talvez um dia, em anos vindouros, pela mesma porta dos fundos que foi deixada entreaberta pelo egocêntrico, entre sorrateiramente um outro alguém... Aí, então, quem sabe, haja cura, haja consolação, haja esquecimento, haja perdão.

SAIR COM ELEGÂNCIA

Existem pessoas especiais que quando desejam desfazer um relacionamento amoroso se despedem do outro de maneira empática e o fazem com muita elegância. São pessoas que sabem fechar os ciclos de suas vidas com dignidade.

Se decidem ir embora comunicam ao outro com delicadeza e respeito que é chegado o momento de colocarem um ponto final na relação. Falam sobre a admiração que nutrem por seus ex-parceiros e do quanto eles foram importantes em suas vidas. Normalmente agradecem o que juntos viveram, não esconde um sincero pesar e até mesmo uma certa tristeza no olhar.

Antes de partirem definitivamente, pessoas especiais fecham, primeiro, todas as cortinas, apagam as luzes da casa inteira, trancam todas as portas e só depois se afastam para jogarem a chave fora, lá no fundo do mar.

Agindo dessa maneira, por maior que seja o sofrimento que causam no parceiro, com o passar do tempo os corações de ambos se refazem, restando apenas as boas lembranças e até uma sutil saudade do que juntos viveram.

O nome disso é responsabilidade afetiva, é empatia, é grandeza de alma, é dignidade.

MOMENTOS DOURADOS

O amor não tem *script* nem regulamentos, não tem planos, normas ou certidões. Simplesmente ama-se. E pronto.

Amar é um delicioso depositar de armas, um abandonar da vigilância permanente, uma doce rendição. Ao rendermo-nos ao amor abrimos a guarita do coração e automaticamente damos folga à sentinela. Ao cedermo-nos a essa exuberante força somos logo arrebatados e nossa alma levita livremente em um mundo mágico, tornamo-nos bem-aventurados e absolvidos das amarguras da vida. É como se vivêssemos em um tão aguardado indulto natalino, em pleno estado de afeição, em verdadeira condição de anistia. Ao sermos contemplados por esse nobre sentimento nos sentimos agraciados, favorecidos e abundantemente afortunados.

Portanto, quando o amor chegar, abra-lhe largamente as portas do coração e mergulhe de cabeça nesse sentimento indescritível, porque seus dias serão sempre como uma esplêndida manhã de primavera. Aproveite fortemente esses momentos dourados, pois estar apaixonado é tonificar os músculos, é permanecer com os batimentos cardíacos acelerados, é experimentar a ansiedade, o prazer e a euforia. É sentir-se enlevado, deslumbrado, entregue e absolutamente fascinado.

Isto não é para todos nem para sempre.

ANTES DE O AMOR CHEGAR

O que é que eu fazia antes de o amor chegar? Sonhava com ele, é claro. E como sonhava! Até abeirar-se foram anos e mais anos de coração ansioso, meio vazio, batendo em descompasso, era uma delicada e doce expectativa. Só de imaginá-lo entrando em minha vida já se processava uma acentuada variação no meu ritmo cardíaco.

E eis que num belo dia o amor realmente chegou. Veio de repente, calmamente, de um jeito diferente daquele que imaginei que viesse. Não veio montado em nenhum cavalo branco. Veio a pé e trazia estampada na testa uma placa de identificação escrita em letras garrafais: "Aqui estou!".

Curiosamente, carregava nas mãos uma malinha de primeiros socorros e ali mesmo ele já consertou a estranha arritmia do meu coração. Em seguida me falou de ternura, da paixão, da identificação e da eternidade. Um pouco mais tarde sussurrou deliciosamente em meu ouvido: "Te amo... Te amo... Te amo...".

Desde que chegou uma grande alegria tomou conta do meu ser e meu mundo se transformou em um grande arco-íris. Tenho também ao meu inteiro dispor um enorme parque de diversões, com direito a tobogã, roda-gigante, carrinho de pipoca, montanha-russa, algodão-doce, espelhos mágicos e até uma bandinha de música. Há muito pozinho de pirlimpimpim flutuando no ar. Quase tudo à minha volta é expectativa e felicidade. Vivo agora de coração saltitante, como se residisse em um palacete de brilhos e doçuras, ricamente iluminado de possibilidades e sonhos. Ao raiar de cada novo dia nossos corações permanecem apaixonados, extasiados, em afinada cantoria.

Meu encontro com o amor foi um prêmio grandioso, foi quase um milagre. Ao vê-lo de perto soube que esse sentimento não seria efêmero, por isso não hesitei e embarquei sem medo naquela reluzente carruagem divina, onde cabia apenas eu, ele e a imortalidade.

UMA FÊNIX

Os extremos são imprescindíveis. Gosto dessas demarcações, dessas divisões, dessas fronteiras tão necessárias à vida. Gosto quando renasço da minha própria dor, gosto de pensar no triunfo da vida sobre a morte, de nutrir fervorosamente a esperança da ressurreição.

Tem gente que fica se equilibrando no meio-termo até que a urgência o impulsione a alcançar diferentes perspectivas, uma definição, algum limite.

Detesto o semivento, o mais ou menos, o morno, o meio-amor, a porta entreaberta, a insossa água de salsicha. Prefiro mergulhar profundamente em tudo que faço. Sou de alegrias intensas e tristezas absolutas. Passeio com desenvoltura por campos minados ou floridos, é somente dessa forma que consigo viver em plenitude.

Essa sou eu, uma libriana que tem absoluta urgência de viver. Uma mulher de riso fácil, que ama, sonha, entristece-se e se compadece com as dores alheias. Que lê, escreve, divaga e compreende. Que reza, perdoa e espera. Que acredita genuinamente no ser humano, plenamente no amor e piamente em milagres. Uma libriana extremada que quando faz escuridão morre um pouco mais por dentro, mas no alvorecer renasce como fênix.

Sim, essa sou eu!

SONHANDO COM OS MONTES URAIS

Hoje sonhei que estava viajando de trem pela extensa cordilheira montanhosa dos gelados Montes Urais, na Rússia. Um lugar lindo, de ampla cadeia de montanhas antigas, bem na fronteira entre Europa e Ásia.

Estava muito frio, talvez uns 25 °C negativos, e eu podia sentir o arrepio daquela majestosa e divinal imensidão gelada. Há muitos anos acalento no coração esse sonho bonito. Ainda hei de realizá-lo um dia.

Há sonhos quentes e sonhos gelados. Os quentes são eróticos, causam prazer e inquietação, lembram-me que estou viva. Os sonhos gelados dão arrepios, causam frisson e são os mais lindos e aconchegantes.

Há sonhos que me fazem sorrir; são os meus preferidos. Há sonhos que me fazem suspirar; são os mais frequentes.

Em meu sonho de hoje entre Ocidente e Oriente, a quase dois mil metros de altitude, lá no Monte Narodnaya, podia sentir claramente uma sensação incrível de felicidade, pois meu companheiro de viagem encontrava-se sentado confortavelmente ao meu lado, estava sorridente e mantinha seus dedos entrelaçados com os meus. Com a proximidade dele, apesar do intenso frio, meu corpo se sentia aquecido e o conforto daquele calor se estendia até os recônditos de minha alma.

Esse foi um sonho lindo e gelado que me fez sorrir e suspirar. Os sonhos nos salvam da dura realidade. Feliz de quem não perde a capacidade de sonhar.

MINHA RECEITA DE HOMEM

Nosso poeta Vinícius de Moraes que me perdoe, mas beleza não é fundamental. Para mim, o mais importante em um homem não é sua beleza nem o cargo que ocupa ou o dinheiro que tem. O que importa é sua essência, pois um relacionamento saudável e prazeroso não se sustenta só com riqueza ou beleza.

O homem jamais precisou ser bonito. Se ao olharmos para ele nosso coração bater descompassado, enxergaremos apenas sua alma e nada mais.

Mas se a beleza masculina é o que menos importa para o coração feminino, é imprescindível, então, que o homem seja admirável, inteligente ou que tenha pelo menos uma vasta cultura.

Além do mais, é necessário que seja carinhoso, cortês e corajoso, porque a fraqueza masculina, principalmente a de caráter, já o elimina de nossas pretensões.

Que o homem seja pragmático e bem-humorado, isso é absolutamente indispensável.

Que ele tenha carisma e grande empatia para com os demais e que seja sensível às fraquezas humanas.

Que ele saiba falar com propriedade e silenciar na hora certa, que saiba lidar com as circunstâncias e as repentinas mudanças femininas.

Que o homem jamais nos encare com olhar distante, indiferente e impenetrável.

Que ele tenha um olhar persuasivo, mas compassivo às emoções.

Que saiba amparar com ternura, acarinhar com suavidade, beijar com intensidade e consolar com compreensão.

Nas horas certas, afagos suaves e abraços fortes acompanhados de um bom vinho. Ah, isso revigora!

É indispensável que tenha uma excelente agenda ou uma infalível memória, para que jamais se esqueça do aniversário de sua amada.

E que a agudeza de espírito seja um estado permanente de sua alma. Ah! E que o homem possa fazer reverências ao Céu pelo menos nas lindas noites de lua cheia.

É tudo que uma mulher precisa.

ABRAÇO RODADO

É fim de tarde. Lá fora a luz solar colore o céu de vermelho-alaranjado. Aqui dentro ele me abraça apertado, à meia-luz. São abraços quentes, perfumados e reconfortantes. Sei que jamais conseguirei esquecer esse cheiro, esse calor, esse delicioso aconchego. Aninhada nos braços dele compreendo que existem abraços que falam de cura, de prazeres, de certezas e de plenitude; esses são definitivos para o coração da gente. Enquanto me abraça ele cantarola baixinho em meu ouvido:

> Você, com essa mania sensual, de sentir e me olhar; você, com esse seu jeito contagiante, fiel e sutil de lutar, não sei não, assim você acaba me conquistando, não sei não, assim eu acabo me entregando.[3]

Ele é inteligente e detalhista. Na hora exata do amor sabe emprestar lindos versos alheios para aliciar, seduzir, comover e encantar meu espírito apaixonado, e de tal modo eternizar-se em minha memória.

É um dia perfeito e memorável. Tudo está na medida exata, nem mais, nem menos. O celular dele vibra insistentemente na mesinha de cabeceira. Ele olha de esguelha e diz: "Preciso atender, meu amor. É a ligação que estava esperando". Faço apenas um gesto afirmativo com a cabeça e viro-me para fechar as cortinas do quarto. Ele encurta a conversa com seu interlocutor e ao desligar o telefone comemora o êxito dando um soco no ar. A seguir me enlaça pela cintura e levanta-me do chão. É um abraço efusivo e comemorativo, um abraço rodado. E depois de muitos beijos molhados me deixa flutuar no aconchego desse gostoso amplexo. O abraço dele bombeia energicamente as

---

[3] CHERUBINI, Lorenzo; MENEZES, Jorge. *Ive Brussel*. Intérprete: Jorge Ben Jor. 1979.

fortes batidas do meu coração numa verdadeira e deliciosa fusão. O abraço dele é sinônimo de efervescência, de dança, de ebulição, de perfeita união.

Sempre guardo comigo a sensação deliciosa desses abraços apertados só para senti-la de novo quando, por qualquer motivo, a distância física nos separa. Ao longo dos anos, sem que ele saiba, vou depositando seus abraços dentro de um dourado porta-joias de memórias. Às vezes escolho um deles e o coloco em destaque em cima da caixinha de música, bem ao lado da pequena bailarina cor-de-rosa que fica com os bracinhos abertos para o alto, girando na pontinha dos pés, valsando com a mesma elegância e leveza de uma pluma.

É dessa forma que agora estou relembrando o abraço rodado que ele tem, porque recordar me ajuda a viver sem ele.

REMINISCÊNCIAS DA GRADUAÇÃO

Hoje, fazendo faxina no meu escritório, folheando apostilas, provas, cadernos, trabalhos e livros que foram comprados, usados e acumulados durante os anos de minha licenciatura em Filosofia, acabei encontrando algo que realmente me fez sorrir.

A disciplina era Introdução à Filosofia, ministrada por um professor experiente e altamente qualificado: graduado em Psicologia, mestre em Sociologia e doutor em Filosofia. Uma admirável cabeça pensante, não?

Apenas três meses após iniciar o curso, ao final de sua brilhante aula, o professor nos deu como tarefa de casa uma diferente e inusitada incumbência: a de contemplarmos um ovo por quarenta minutos e entregarmos nossas impressões, por escrito, na aula seguinte.

E como aluna que não costuma deixar nada em branco, aventurei-me a narrar aquela "missão impossível". Embora ainda fosse uma iniciante no curso de Filosofia, apenas uma simples aprendiz, eis aqui minhas primeiras e titubeantes reflexões:

CONTEMPLAÇÃO DE UM OVO

Contemplar um ovo por quarenta minutos e depois ainda escrever sobre minhas impressões? Como assim? Meu Deus, que experiência mais estranha é essa? Será que isso não é apenas uma brincadeira do professor? Será que não é uma estranha trolagem que ele imputa aos alunos do primeiro ano de Filosofia? Será que não está apenas nos sacaneando com essa tarefa sem sentido? Sendo ele um "psicólogo e doutor filósofo", certamente está acostumado com digressões, questionamentos, divagações, estranhamentos, introspecções e muitas subjetividades. Entrarei, pois, nesse bizarro jogo.

Olhando demoradamente para o ovo surge minha primeira indagação, um dos grandes questionamentos da humanidade: quem veio primeiro, o ovo ou a galinha? Penso na Teoria da Evolução das Espécies, de Charles Darwin, que diz que uma espécie evolui de outra. Não importa. Analiso calmamente a casca do ovo. Ela é meio lisa, meio rugosa. Reparo em sua cor marrom, cor da terra por excelência, e tento adivinhar a proteína que a formou. Penso no embrião com o DNA da galinha que o botou.

Ah, meu Deus! Isso foge completamente da minha alçada. Minha imaginação vagueia inteiramente sem lógica, nem rumo, e penso: e se houver dentro desse ovo um pintinho já formado? E se ele estiver preso, apertado, completamente alucinado para se libertar dessa escuridão opressora?

Voo em pensamentos confusos e faço uma analogia com os grilhões dos homens presos na escuridão da caverna, metáfora criada pelo grande filósofo Platão. Há sombras e cegueira também em mim, que vivo aprisionada pelos sentidos, sem comprovação científica e sem métodos, pois o conhecimento empírico me induz ao erro, ao engano, ao comodismo, à ilusão e à ignorância, que me impedem de conhecer a verdade cristalina, eterna e imutável.

Decido caminhar em outra direção. Quero saber agora de onde viemos e para onde vamos. Entretanto pensar mais profundamente cansa, sair da zona de conforto daquilo que é conhecido e já foi preestabelecido assusta, aborrece, dói, enfastia. Então desisto.

Mas o ovo continua ali, na minha frente: frio, impassível, intacto, exótico, estático, sem ação, sem nenhum querer, sem noção. Só sei que um grande estranhamento nasceu em mim. Proponho-me a conhecer a realidade desse ovo como observadora que olha de fora e não de dentro, mas é muito difícil. Antes dessa inusitada missão, um simples ovo não despertava em mim curiosidade alguma, mas agora construo um distanciamento salutar entre nós, como se jamais o tivesse visto antes, como se o ovo não me fosse tão familiar desde sempre.

Concluo, então, que agora eu o olho de maneira diferente, que o percebo como algo novo, não mais como alguma coisa corriqueira que fez parte da minha infância vivida na fazenda, colhendo-o automaticamente nos ninhos das galinhas caipiras. Que grande estranhamento esse meu, sugerido pelo extraordinário e excêntrico catedrático, é claro!

Ah, professor, chega de contemplação. Isso realmente faz algum sentido para o senhor? Prefiro meditar demoradamente sobre a clara, a gema e a casca rugosa do ovo em outra ocasião. Para mim, um ovo é apenas um ovo. E ponto final.

E como se não bastasse, ainda coloquei informações que me esqueci de mencionar no corpo do texto em um *post scriptum* que dizia assim: "Caro professor, o senhor é um excelente educador, um professor experiente e de alto nível, portanto compreende bem que há alunos que sabem pouco, alunos que sabem muito, alunos que pensam que sabe, alunos que fingem saber e alunos audaciosos, que têm a coragem de se aventurarem e errarem, por isso não deixam espaço em branco nas provas que fazem, por pura ousadia. Talvez eu esteja nesse último grupo. Perdoe-me pela ignorância, mas devo admitir que gostei do estímulo e desse grande convite à reflexão. O conhecimento filosófico é meio confuso e muito incômodo para quem ainda não conhece outras formas de pensar. Hoje, a porta da caverna foi aberta para mim e um raio de luz já entrou. É simplesmente o primeiro olhar. Mas, com sua ajuda, chegarei lá".

MEMÓRIAS DO CARNAVAL

O Carnaval é uma tradição brasileira e celebrá-lo faz parte da nossa cultura. Você já brincou um animado baile de Carnaval como os bailes de outrora? Eram tão mágicos! Como eu adorava as alegres marchinhas carnavalescas cantadas em coro pelos animados foliões. Como eu vibrava com a originalidade e a beleza das fantasias de fadas, índias, sereias, bailarinas, ciganas, princesas, bruxas malvadas e até dos Aladdins, com suas lâmpadas mágicas, mas minhas prediletas eram sempre do apaixonado triângulo amoroso, Arlequim, Pierrô e Colombina. Como era bom ver a exultação dos blocos de rua, assistir aos concursos de máscaras, aos desfiles das grandes escolas de samba, aos bailes de gala e à alegria contagiante do Rei Momo. Agora é tudo tão diferente!

Hoje decidi colocar meu bloco de recordações na rua para não me esquecer desse tempo feliz em que eu desfilava faceira pela passarela da vida, esquentando devagarinho os tamborins, esperando ansiosa pela apoteose da existência, imaginando que meu grande momento de esplendor logo chegaria e que eu sairia, a qualquer momento, desfilando pela avenida da vida com o melhor samba-enredo de todos os carnavais. Ledo engano. Triste ilusão a minha!

Por acaso você já esteve à toa na vida e seu amor te chamou para ver a banda passar cantando coisas de amor?[4]

Já experimentou aquela sensação inebriante de quem sabe, sabe, conhece bem, como é gostoso, gostar de alguém?

---

[4] HOLLANDA, Chico Buarque de. *A banda*. 1966.

Algum folião apaixonado já cantou para você: "Ah, morena, deixa eu gostar de você"?[5]

Já sentiu medo de seu coração ser consultado para saber se andou errado?[6]

Alguém já te convidou para um piquenique na Barra da Tijuca ou para fazer um programa no Joá?[7]

Já lhe disseram que recordar é viver e que tinham sonhado com você?[8]

Já lhe afirmaram, categoricamente: por onde for quero ser seu par?[9]

Alguém já cantou olhando nos seus olhos: "Linda criança, tu não me sais da lembrança, meu coração não se cansa, de sempre, sempre te amar"?[10]

Você já amou loucamente, incondicionalmente, desesperadamente e demasiadamente, a tal ponto de cantarolar o dia inteirinho: "Se o amor é fantasia, eu me encontro ultimamente em pleno Carnaval"?[11]

Eu já!

Que bom ter guardado no coração essas doces recordações de outros carnavais.

---

[5] ALMEIDA, Joel de (Jota Sandoval). *Quem sabe, sabe*. Intérprete: Carvalhinho. Disco Odeon 13.975-A. Fevereiro de 1956. Disco constante do Arquivo Nirez.

[6] Compositor: Paulinho da Viola. *Foi um rio que passou em minha vida*. 1970.

[7] BRAGUINHA. *Vai com jeito*. 1957.

[8] FILHO, Marinósio Trigueiros. *Recordar é viver*. 1946.

[9] SOUTO, Edmundo; CAYMMI, Edmundo; TAPAJÓS, Paulinho. *Andança*. 1968.

[10] BARRO, João de; ROSA, Noel. *As pastorinhas*. 1933.

[11] TOQUINHO; MUTINHO. *Escravo da alegria*. 1983.

AMOR QUE SE DESFAZ

Há uma bonita e triste poesia chamada *Al Perderte*,[12] de autoria do poeta nicaraguense Ernesto Cardenal, que fala sobre o fim de um grande relacionamento amoroso. É uma admirável constatação desse grande teólogo sobre as avarias do amor que se desfaz. Sem dúvida, são danos e lesões que arruínam os corações apaixonados. Quando isso acontece ambos perdem, ambos ficam menores, ambos padecem.

Portanto, quando você encontrar o grande amor de sua vida não o perca de vista, não permita que ele lhe escape das mãos. Não parta e não carregue na alma a tristeza de vê-lo partir. Depois dele você nunca mais conseguirá viver em um estágio esplêndido de satisfação, euforia, alegria e completa felicidade. Com nenhum outro amor você se sentirá "em casa" outra vez. O amor é o único sentimento capaz de nos proporcionar um leque vasto de sensações.

Há o amor que se perde. Há o amor que se ganha. Há também o amor que vai embora da nossa vida para nunca mais voltar. O amor que parte fica alojado para sempre no nosso peito, assombrando-nos pela vida afora. Mesmo contra nossa veemente vontade, coração e memória nos desobedecem e se incumbem de guardá-lo. Hoje empresto do grande poeta nicaraguense estes tristes versos para que nos sirva de lembrete:

> Al perderte yo a ti, tú y yo hemos perdido. Yo porque tú eras lo que más amaba; tu, porque yo era la que más te amaba. Pero de nosotros dos tú pierdes más que yo, porque yo podré amar a otros como te amaba a tí, pero a tí nunca te amarán como te amaba yo.[13]

---

[12] AL PERDERTE. Poesia do escritor, sacerdote e teólogo nicaraguense Ernest Cardenal (1925-2020).
[13] "Ao perdê-lo, você e eu perdemos. Eu, porque você era a pessoa que eu mais amava; você, porque era eu quem mais amava você. Mas de nós dois, você perde mais do que eu, porque posso amar outras pessoas como amei você, mas você nunca será amado como eu o amei" – Tradução livre.

Determinadas pessoas são feitas da mesma matéria, algumas poucas têm almas iguais. Se juntas, essa certeza será a mais venturosa de todas; se separadas, será a mais doída constatação.

Alguns encontros acontecem apenas uma vez na vida. Alguns amores são absolutamente singulares, são caros, são raros. Viva-os!

PARTÍCULAS ENTRELAÇADAS

A menina do sorriso bonito não me sai do pensamento nem mesmo por um instante. São pensamentos iluminados, momentos de clareza e súbita percepção, de compreensão intuitiva. Pensar nela é sempre uma inspiração, uma revelação, uma sensação profunda de entendimento e realização, uma verdadeira epifania.

Seus olhos amendoados são límpidos e sem emboscadas. Sua pele morena aquece meu coração de forma precisa. Seu sorriso fácil e suas charmosas covinhas me trazem a forte esperança de que a vida ao lado dela ainda está para ser vivida em seu total esplendor, mesmo que o tempo seja breve e implacável. Sinto que nossas vidas estão entrelaçadas como partículas físicas que obedecem a um fenômeno ainda muito pouco conhecido, tão desconhecido quanto a força que nos projetou nesse relacionamento extraordinário e indescritível.

Não sei mais como dizer o quanto a amo. E creio que nunca saberei expressar, não em sua plenitude, a dimensão dessa energia e pujança que me liga a ela e me envolve completamente desde o primeiro instante em que a vi. Não sei onde tudo isso vai dar, mas sei que a vejo por toda a parte. Ela está em tudo que penso, em tudo que faço, em todos os caminhos, em todos os endereços, em todas as direções, em todos os atalhos, em todas as pontes e em todos os possíveis finais.

A espera de tê-la sempre ao meu lado acalenta meu espírito, e dessa expectativa vem o profundo sentimento de quem vê como plausível a realização daquilo que desejo alcançar, muito além do sensato e do censurável. Da esperança vem o sossego da minha alma, e da confiança inabalável na providência divina vem o reconfortante descanso do meu coração.

MEUS SEGREDOS

Enquanto me envolvo na jardinagem, nas pequenas arrumações da casa, nas leituras, na escrita, na companhia de pessoas que me curam e que são verdadeiros sóis nos meus dias nublados, vou tentando compreender mais a fundo o que minhas emoções estão me dizendo a respeito de mim mesma.

É adequado vasculhar os recônditos da minha alma e ir esmiuçando silenciosamente minhas emoções e minhas reminiscências. É bom poder conviver pacificamente com meus mistérios e anseios mais íntimos, aqueles que guardei cuidadosamente só para mim e que há tempos habitam no subterrâneo do meu ser.

Alguns segredos são meus, só meus. Eles acariciam meu coração todos os dias e são tão preciosos que não quero dividi-los com mais ninguém. Sei que determinados segredos que carrego comigo são os meus arremates, os perfeitos laços de fita que fazem o primoroso acabamento da minha alma.

OS DIAMANTES SÃO ETERNOS

Ele pensa que foi embora da minha vida, mas não foi não. Eu o cultivo inteiro aqui comigo, ele mora num lugar de destaque dentro do meu coração, e dessa forma posso carregá-lo para onde vou, aqui ou acolá. Por pura saudade, às vezes deixo escapulir uma emoção visceral e consequentemente a lucidez também acaba fugindo de controle.

Na calada da noite, depois que todos dormem, meus sentidos se apuram. O que não vejo, sinto. Por isso eu o tiro de dentro do meu coração para melhor olhá-lo e o coloco sentado bem na minha frente. É a possibilidade que tenho de tocar a felicidade de novo. Fico assim, a contemplá-lo serenamente, conferindo tudo aquilo que já foi tão meu. Tenho comigo anos e anos de saudade represada, mas o que importa neste momento é que ele está aqui comigo e me parece muito sereno. Agora minha alma está sossegada e não me falta absolutamente nada. Sinto paz.

Contemplando os olhos dele, começo a lhe contar sobre meu dia, desde os pequeninos detalhes até os mais arrojados planos que tenho. Ele sorri satisfeito e balança a cabeça num típico gesto de aprovação. Depois altero radicalmente o tema da conversa e falo de diamantes lapidados, encontro inesperado, amor eterno, plenitude de alma e encaixes perfeitos. De cogitações e subjetividades.

Ele esboça um sorriso encantador. Sorrio também. O riso dele se confunde com o meu. Depois ele chega mais perto, abraça-me apertado e solenemente reafirma seu imenso amor por mim, diz que é um sentimento bonito e profundo, tão profundo quanto o oceano. Depois segura com firmeza minhas mãos e declara que nunca mais irá soltá-las. Assegura-me que nosso vínculo é infindável, fala com veemência que aconteça o que acontecer, ele sempre estará comigo. E eu acredito. Afinal, os diamantes são eternos.

O SILÊNCIO ADOECE

Em certas ocasiões o silêncio é absurdamente contraditório – por vezes nos alivia e eleva, noutras nos rebaixa e asfixia. O silêncio é irmão siamês da imaginação. No início ele apenas sussurra em nosso ouvido, mais tarde lateja em nossa mente, depois grita alto dentro de nós e um pouco mais tarde nos ensurdece e nos sufoca de vez.

Em qual compartimento são guardadas nossas caladas emoções? Em que gavetas se escondem nossos prolongados silêncios?

Quando deixamos de lado as palavras e não dizemos tudo aquilo que sentimos, as expressões não ditas acumulam-se em nosso corpo em forma de doenças, transformando-as em depressão, obesidade, desequilíbrio emocional, insatisfação interior, pressão alta, diabetes, apatia, insônia, afastamento social e até desconforto espiritual. Aos poucos vamos enlouquecendo com as dores desse calado alvoroço e começamos a ouvir uma inquietação que entristece e adoece completamente nossas almas.

Se você não está de acordo, recuse.

Se estão te oprimindo, grite.

Ao primeiro sinal de violência, denuncie.

Não morra engasgado pelo que teve que engolir.

Esbraveje. Peça socorro. Grite alto, aos quatro ventos!

O CANTO DA SEREIA

A obra *Odisseia*, do poeta grego Homero, narra as aventuras de Ulisses, o grande herói da guerra de Troia. Na mitologia grega, as sereias eram seres diabólicos, capazes de atraírem qualquer um que ouvisse seu canto melodioso. Diz a lenda que os marinheiros seduzidos por seu belíssimo som se descuidavam de suas embarcações e acabavam naufragando. Para não correr esse perigoso risco, o precavido e ardiloso Ulisses, ao regressar de Troia, pediu que o amarrassem ao mastro de sua própria embarcação para conseguir ouvir o canto das sereias sem se deixar atrair por elas. E assim foi feito.

E você, caro navegante da vida? Também já ouviu a suavidade do canto de uma sereia? Ficou atraído? Enlevado? Apaixonado? Maravilhado? Arrebatado? Fascinado? Inebriado?

Ah, navegador do bem-viver, tome muito cuidado para não ser aliciado pelo cantar de uma bela sereia e depois acabar se chocando com os duros rochedos de sua alma. Além do canto melodioso que as sereias têm, algumas têm ainda uma segunda arma muito mais poderosa, capaz de aniquilá-lo de vez: é a frieza de seu silêncio depois de seu belo cantar. A taciturnidade da sereia é uma triste mudez que nos captura, devasta, aniquila e faz de nós sua presa.

Cuidado, marinheiro da vida! Não se iluda com a beleza e a suavidade desse cântico melodioso. Fuja desse encantador feitiço enquanto há tempo.

AMOR-PERFEITO

Somente em livros, filmes românticos, contos de fadas, tramas novelescas ou redes sociais que o amor é perfeito e ilibado. Assim como as flores precisam de luz, água e sol para não perecerem, o amor também necessita de retoques e constantes cuidados para não definhar e morrer.

O amor perfeito é utopia. É indispensável aceitarmos esse fato como verdade para não vivermos eternamente em total frustração, pois não existem príncipes perfeitos, nem princesas completas. O grande segredo é encontrarmos as competências e as virtudes nos lapsos e deficiências de nossos príncipes e colarmos as partes faltantes das princesas imperfeitas.

Mas se a perfeição no amor não existe, o que nos resta? Apenas o amor-perfeito. Este, sim, é real e vem em muitas cores e tons. Ele é divinamente lindo, um verdadeiro primor. O amor-perfeito enfeita, orna, compõe, exala, encanta e é perfeito, ou melhor, mais-que-perfeito. Aliás, é perfeitíssimo! Mas é apenas uma flor.

ALÉM DO CERTO E DO ERRADO

Em 30 de setembro de 1207 nasceu o místico e majestoso jurista Rumi, o grande teólogo e poeta persa que escreveu poemas lindos e profundos e que nos deixou diversos livros espetaculares discorrendo sobre a vida.

Meu coração sente-se aliviado quando penso como Rumi pensava. Acalenta profundamente minha alma a delicada esperança e a primorosa determinação desse poeta quando ele afirma: "Em algum lugar, além do certo e do errado, existe um jardim. Encontrarei você lá".[14]

Frequentemente empresto dele esse bonito verso só para entregá-lo ao meu coração, pois me alivia a alma e causa-me uma espécie de descanso e conforto. E meu coração esperançoso e apaixonado sempre agradece a gentileza. Esse poema inspirador é uma reflexão caracterizada por intensa compreensão da condição humana, em que o poeta reconhece a dor da perda e destaca com competência a alegria extasiante do amor.

A simples expectativa de um dia poder encontrar o jardim florido acarreta confiança e ameniza qualquer espera, diminuindo a angústia e trazendo para mim o sentimento de serenidade.

Fico imaginando ser possível ter e realizar tudo aquilo que desejo, muito além do certo e do errado. Com essa afirmação de Rumi, a integralidade foi minuciosamente explicada ao meu coração, tudo foi assimilado, adaptado e absorvido. Sem, porém; sem, no entanto; sem, contudo; sem, todavia; sem, entretanto; nem porquês. Tudo está dito. Entendido. Aceito.

---

[14] Maulana Jalaladim Maomé, também conhecido como Rumi, foi um poeta e teólogo persa, jurista islâmico, do século XIII.

O DIA EM QUE ME APAIXONEI POR VOCÊ

Ele tem um sorriso suave, tão suave como uma esplêndida manhã de primavera. É um sorriso lindo, do tipo que irradia pureza, e isso me leva a ter por ele atos de aconchegos e constantes impulsos de proteção.

Ele olha serenamente para o espaço infinito enquanto medita no coração as coisas que acabo de lhe dizer. Depois com um largo sorriso de felicidade, vira-se para mim e fica me olhando por alguns instantes sem dizer uma só palavra. Sinto nesse momento que se processa nele uma grande mudança.

Registro em meu cérebro todas as linhas daquele rosto feliz e permaneço ali entrando em seu mundo, tentando traduzir em palavras o que sinto; mas por ser o amor um jogo de dualidades e a emoção humana mais complexa e extraordinária, é também a mais difícil de se definir.

Ele continua ouvindo atentamente minhas confissões, mas parece necessitar de novos caminhos e outras confirmações. Quer entender com riqueza de detalhes o que de fato representa para mim, talvez almeje apenas quantificar meu amor. E à minha maneira atrevo-me a conceituar essa ambiguidade e o faço por metáforas, busco diferentes maneiras de elucidar o que sinto, arriscando encontrar formas diferentes de explicar-lhe esse amor, mas a cada tentativa percebo que minhas palavras não expressam a riqueza, a profundidade ou a complexidade desse sentimento dadivoso.

Por natureza somos seres carentes de definições. Não sabemos viver com o indefinível e inexato, pois essas condições geram insegurança e angústia. Mas não são precisamente essas as características do amor? Portanto as explicações que crio não esclarecem em quase nada o que quero lhe dizer, mesmo assim continuo tentando concatenar minhas palavras. E do alto de minha avassaladora paixão lhe afianço que o amo hoje e que vou amá-lo para sempre, que não importa o que nos reserva o futuro, pois conhecê-lo e amá-lo já valeu minha vida. Digo-lhe que sei que existe em mim uma emoção específica e de tal qualidade que só por havê-la sentido já dei um grande salto em minha evolução, que se não pudermos vivenciar esse sentimento em sua total plenitude poderei viver somente dessas lembranças.

Ele desvia o olhar para as nuvens do céu e vejo uma lágrima solitária escorrer de seus olhos. Depois me diz que embora o egoísmo não faça parte de sua maneira de ser, senti que jamais conseguiria dividir-me com outro alguém, que em questão de amor sabe que é egoísta e necessita de exclusividade. Alega categoricamente que no amor não há meio termo possível, é tudo ou nada.

Sofro por nós dois. Sinto um nó no estômago quando me coloco no lugar dele. Sei que eu também não conseguiria dividi-lo com mais ninguém. Padeço. Minha alma está aflita. Tento imaginar como seria esse "nada" e só de pensar na possibilidade de não o ter nunca mais comigo entro em desespero. Sofro. Choro por dentro. Numa fração de segundo compreendo que se eu não puder ter tudo com ele, o nada para mim equivaler-se-ia à morte.

Alguns minutos se passam. Surpreendentemente, renuncio ao meu próprio egoísmo e ciúme, abdico da exclusividade e opto pelo "quase nada", e sem preâmbulos apresso-me em lhe dizer isso: "Ah, meu amor, se não pudermos dedicar um ao outro presença e cuidados diários, nem atos grandiosos e ostensivos, nem atenções e tempos mínimos que fazem parte da rotina de qualquer casal apaixonado, eu o dividirei com outra mulher, pois o pouco ou quase nada que terei de você seria um grande lenitivo para a alma, seria minha consolação, significaria minha redenção".

Ele se comove. Sua expressão é de pasmo. E eu continuo ali, nos braços dele, percebendo que a profundeza de sua alma está inundada pelo imenso amor que sinto. Magicamente criou-se uma aura de ternura, aceitação e compreensão entre nós.

Ele volta a me olhar com olhos brilhantes e em seguida me enche de beijos. Depois sorri. Que sorriso! Ah, que sorriso mais pleno! Agora a expressão do rosto dele é de um homem sereno, confiante e feliz.

Há momento tão singular na vida da gente que se torna imprescindível e muito mais digno depositarmos nossas armas no chão, erguermos as mãos para o alto e nos rendermos. Tem ocasião que se torna mais sublime apenas fecharmos os olhos docemente e nos deixarmos morrer na areia da praia. Às vezes é preciso sacrificar algo grande em benefício de algo muito maior. E é o que fiz naquele momento. O meu amor por ele foi duramente sacrificado, o meu amor por ele foi tristemente imolado.

Chorei convulsivamente a noite inteira. E na manhã seguinte recebo dele uma linda carta de amor intitulada. "O dia que me apaixonei por você!".

HÁ TEMPO AINDA

Que vontade de caminhar resoluta na direção dele, a passos largos, sem olhar para trás, sem ouvir o rufar dos tambores nem o tique-taque do relógio, carregando no coração apenas a certeza de que não me atrasei muito. Afinal, existe uma grande diferença entre tarde e tarde demais, não existe?

E meu coração insiste em dizer que apesar do adiantado da hora há tempo ainda para nós. Então, me espere!

NÃO TE DEMORES

A famosa pintora mexicana Frida Khalo nos adverte com suprema lucidez, clareza e competência: "Onde não puderes amar, não te demores". E em minhas infindáveis cogitações fico aqui me perguntando: de que exatamente ela esta falando?

Penso que ela esteja falando aqui de acomodação, de transparência, de coerência, de compaixão, de partidas necessárias, de urgências, de grandiosidade e, acima de tudo, de muita coragem.

Fico maravilhada com aquele que percebe logo que aquilo que sente, seja o que for, decisivamente não é amor nem poderá vir a sê-lo, por isso não se faz de rogado e parte depressa, sem demora.

Admiro profundamente aquele que chega de repente, olha, gosta do que vê e, resoluto, já decide ficar.

Onde puderes amar, fique!

A FORÇA DO VENTO

Tem dias que o vento assobia; noutros, sussurra.

Tem dias que o vento é força; noutros, brisa.

Tem dias que o vento uiva; noutros, apenas segreda.

Tem dias que o vento se regozija; noutros, simplesmente chora.

Tem dias que o vento retumba; noutros, silencia.

Tem dias que o vento geme; noutros, ele canta.

Tem dias que o vento é fúria; noutros, sossego.

Tem dias que o vento galopa; noutros, apenas caminha.

Tem dias que o vento é revolto; noutros, simplesmente paragem.

Desse modo também são nossos dias, compostos de altos e baixos, presença e saudade, risos e lágrimas, frio e calor, sol e chuva, idas e vindas, olás e adeuses.

Que hoje o vento perca sua costumeira força e seja para você apenas uma leve brisa, um imenso remanso.

PESSIMISTAS E OTIMISTAS

Casais apaixonados sempre vivem momentos mágicos de risos e alegrias. Na vigência da paixão, os pombinhos enamorados não se dão conta de que são apenas passageiros desse instante fugaz, não compreendem de imediato que se encontrar é também um se apartar, porque todo encontro antecede a despedida e toda despedida precede o encontro. São os dois lados da mesma viagem amorosa.

Para os pessimistas, o encontro é a antessala da despedida. Para os otimistas, a despedida é a antessala do encontro.

Apartar-se é sempre triste. É quando o emocional atinge seu menor nível de serotonina, alcançando o patamar mais baixo de alegria, beirando de tal modo o coeficiente mais insignificante de felicidade. É como uma infeliz maré baixa, um gigantesco esparramar, um incontrolável espatifar, uma grande e melancólica vazante emocional.

Encontrar-se é bonito demais, tem sempre ares de festa. É quando a dopamina fica em alta, é um verdadeiro espetáculo de prazer e felicidade, assim como a alegria das águas dos rios quando se encontram com as águas do mar. Encontrar-se é um aprazível agrupar emocional, um colossal descobrimento, um bailar molhado, uma extraordinária pororoca.

OU ISSO OU AQUILO

ELE: Minha querida, a única coisa que hoje me entristece é sua prolongada ausência. Nunca me deixe sem saber de você. O não saber para onde, como, quando e com quem gera um sentimento de perda e coloca as pessoas longe. E longe é um lugar que jamais deverá existir entre nós. Jamais! Entendeu?

Creia-me, você tem sido a melhor parte de tudo, minha alegria e minha bússola para conseguir reencontrar o caminho perdido. No meio dessa grande tempestade de sentimentos confusos, a única certeza que tenho é desse amor imenso que habita em meu peito. Te quero muito e é para as alegrias desse amor que estou caminhando a passos largos, é por esse sentimento que desejo encontrar a paz. Vou sair agora numa incessante busca do Santo Graal. Hei de encontrá-lo em breve. Por favor, espere por mim. Eu voltarei. Amo você para sempre.

ELA: Meu amor, não se consegue ter tudo na vida. Ser e ter são coisas distintas e dificilmente se encontram. Sabemos bem que não se pode amar a dois senhores ao mesmo tempo. É bíblico. "Isso" e "Aquilo" será sempre um jogo perigoso de soma zero. Quando se trata de amor, o melhor é amar essa ou aquela. Eis aí uma grande questão. Assim é e assim sempre será.

Entre tantas alternativas que temos, precisamos escolher apenas uma. Para cada coisa que levarmos, deixaremos outras tantas para trás. As opções sempre serão muitas, sabemos disso. Não dá para escaparmos ilesos dessa conflitante encruzilhada, pois, indiscutivelmente, estaremos sempre à mercê das consequências de nossas escolhas.

Quer um conselho? Opte pelo amor e você jamais se arrependerá. O amor lhe dará equilíbrio e o ajudará a se levantar nos inevitáveis altos e baixos dos escorregadios caminhos da vida. E lembre-se: com o amor virão também a alegria, a serenidade e a paz. Beijos, apaixonados.

HORA MÁGICA

    É meia-noite. Hora da busca e do encontro marcado, do começo e do fim. É quando os dois ponteiros se procuram, acham-se, encaixam-se, e abraçados começam a dançar. Tudo acontece em uma fração de segundo e no instante fugaz a valsa de amor depressa termina.

    É meia-noite. Hora mágica e propícia para amar. No tique-taque das horas os dois ponteiros se soltam saciados, despedem-se e vão se distanciando um do outro lentamente. É um para lá e o outro para cá.

    É meia-noite. Mais uma noite termina. Mais um dia se principia. Logo mais será amanhã.

    É meia-noite. Amei na noite. Amei a noite.

    Tique-taque... Tique-taque... Tique-taque...

A RUA ONDE MORO

Perdoe-me pela ousadia, mas às vezes chego a achar que a rua onde moro é minha. Há muitas décadas passo por ela todos os dias, de carro ou a pé, invariavelmente. Para mim, aqui é literalmente o paraíso.

Gosto da sensação de saber que a qualquer minuto tudo está ao alcance dos meus passos. Gosto dos barulhentos sons urbanos, de observar os diferentes rostos que andam apressados à procura de não sei o quê, gosto desse vai e vem de pessoas anônimas, simplesmente porque gosto dos seres humanos e da imprevisibilidade.

Durante minha infância morei na tranquilidade do campo, em uma propriedade totalmente afastada dos núcleos urbanos. Por onze anos vivi entre rios e vegetações, atividades da agricultura e pecuária, árvores frutíferas e gado leiteiro; convivi diariamente com hortaliças, córregos, rios, sapos, corujas, cães, andorinhas, pintassilgos, vagalumes e colibris.

A monotonia da vida campestre e o marasmo das horas passadas no sertão já ficaram para trás há muito tempo, no entanto ainda habitam em minha memória os sons do silêncio e a beleza das claras noites enluaradas.

Na cidade grande também vejo flores multicoloridas por onde passo e às vezes não resisto e acabo parando para fotografar a beleza desse transitório esplendor. Enquanto caminho para sincronizar os passos vacilantes da vida com as batidas descompassadas do coração, minha alma sussurra bem baixinho: "Se essa rua, se essa rua fosse minha, eu mandava, eu mandava ladrilhar com pedrinhas, com pedrinhas de brilhantes, para o meu, para o meu amor passar...".[15]

Engraçado, mesmo sem ser ladrilhada com pedrinhas de brilhantes, meu amor passa por "minha" rua muitas e muitas vezes e sempre tão feliz que até parece flutuar.

---

[15] Cantiga: *Se essa rua fosse minha*. Há fontes que consideram essa cantiga como uma canção criada por um autor desconhecido em homenagem à Princesa Isabel, no século XIX. Porém há fontes que dedicam a autoria a Mário Lago e Roberto Martins, em meados do ano 1930. Veja mais em: https://pt.wikipedia.org/wiki/Se_essa_rua_fosse_minha#:~:text=Fontes%20consideram%20esta%20cantiga%20como,Princesa%20Isabel%20no%20s%C3%A9culo%20XIX.

UM CERTO OLHAR

Algumas pessoas falam com os olhos e outras ouvem perfeitamente um olhar. Decifrar e transmitir esse tipo de linguagem silenciosa é para poucos.

Só para acordar de mansinho o coração que está dormindo, vamos falar um pouco do encontro com aquele olhar que um dia nos arrebatou e nos fez levitar?

Vamos falar da poesia e dos mistérios daquele olhar que conseguiu imprimir raras tatuagens em nossa retina?

Vamos falar da linguagem muda e dos efeitos benéficos do olhar atento que jamais nos perdeu de vista, vigiando-nos numa guarda impecável?

Vamos falar da doçura e da beleza daquele olhar que inebriou nossa íris quando no primeiro encontro já nos sorriu largamente com os olhos?

Vamos falar daquele olhar que trouxe borboletas multicoloridas para nosso estômago e promoveu em nossas almas uma verdadeira "inconfidência mineira"?

Vamos falar daquele olhar que foi um verdadeiro assalto a olhos armados e fez uma grande revolução em nosso ser?

Agora que o coração já está desperto, vamos sonhar acordados com aquele olhar inebriante que provocou calafrios em nosso corpo quando nos falava inconfessáveis e deliciosas coisas de amor?

HOJE SOMOS SAUDADE

Foi a primavera mais florida, foi o inverno mais rigoroso.

Foi um lindo tempo de sonhos, foi o mais longo pesadelo.

Foi uma grande certeza, foi minha maior perplexidade.

Foi a mais longa espera, foi a mais desesperadora de todas.

Foi uma época de incredulidade, foi minha melhor oração.

Foi um sentimento cristalino, foi um emaranhado de dor.

Foi o abraço mais apertado, foi a ausência mais sentida.

Foi o dia cheio de luz, foi a grande escuridão da noite.

Foi o encontro inesperado, foi a certeza de uma explosão encantada.

Fomos chegadas.

Fomos partidas.

Fomos prazer.

Fomos dor.

Fomos alegria.

Fomos vida.

Fomos tudo.

Hoje somos saudade.

SIMPLESMENTE, NATHALIA

Quer saber quem é Nathalia? Pense em uma pessoa linda, inteligente, equilibrada, de coração grandioso, dócil e ao mesmo tempo forte e corajosa. Assim ela é.

Pense em uma profissional competente, determinada, coerente e pragmática: ela também é.

Pense em uma mãe sensível, carinhosa, forte e incansável: ela é.

Pense em uma esposa feminina, admirável, parceira e apaixonada: ela é.

Pense em uma amiga fiel, confiável, zelosa e transparente: ela é.

Pense em uma irmã protetora, afetuosa, conselheira e caridosa: ela é.

Pense em uma filha meiga, companheira, amorosa e altruísta: ela é.

Pense em uma pessoa reservada, de pouca fala, direta e sem mimimi: assim é ela, mas está mudando aos poucos. Atualmente, está demonstrando mais seus sentimentos e até já me fala "eu te amo" ou invés de apenas me responder "eu também".

Hoje já não sei quem é ela, e quem sou eu também já não sei. Somos carne e unha, a corda e a caçamba, a tampa e a panela, a mamãe e a filhinha. Com ela tudo acontece, tudo se realiza, tudo se mistura, tudo se acerta, tudo é fácil, tudo é calma, tudo é possível, tudo é paz. De uns anos para cá acho que a mamãe até já virou filhinha, exatamente como brincávamos quando ela era criança. Ser a mãe dela é uma felicidade imensa, um grande orgulho, um privilégio inigualável e uma bênção sem fim.

Nathalia é o meu presente precioso, a minha grande companheira de vida, minha inspiração, meu orgulho e meu grande amor. Nela nada tenho a acrescentar. Para Deus, nada tenho a pedir, só agradecê-Lo, agradecê-Lo e agradecê-Lo.

Que privilégio o meu, filha!

OS FINS JUSTIFICAM OS MEIOS

Somente no amor os fins podem justificar os meios. E não há nada de maquiavélico nisso. Significa apenas a luta ferrenha para manter a sanidade mental de quem sofre do mal de amor, relevada somente pelo código do manual de sobrevivência de quem ama.

Nesse caso, só nesse caso, para não morrer de amor, porque de amor também se morre, a regra primeira é a manutenção da vida a qualquer custo. Em primeiro lugar, há que se afinar rapidamente esse doloroso sentimento entre coração e razão. De que forma? O coração estabelece os fins, apenas os fins, já a razão tem o papel de identificar os meios e optar pelo melhor caminho para atingir tais fins.

Quando amam as pessoas estão em estado de graça e não utilizam de meios sórdidos para conseguirem atingir seu fim, simplesmente porque não os pode conceber. Os caminhos abomináveis não fazem parte das atitudes de quem ama, os meios utilizados pelos amantes serão sempre os mais inofensivos, amáveis e encantadores. Quem ama tem atitudes sinceras, um compromisso genuíno, uma comunicação aberta, mais atos do que palavras, respeito mútuo, presença, alegria, compreensão, diálogo, confiança, atração física e admiração espiritual.

Em estado de amor uma benéfica explosão de hormônios é liberada em nosso corpo, tornando-se os divinos manuais de sobrevivência de quem ama.

Divinas e benditas sejam a adrenalina, a oxitocina e a dopamina!

MUNDO COR-DE-ROSA

Engraçado como as coisas fluem naturalmente entre nós, como são gostosas nossas conversas, que sempre começam e terminam de maneira leve, pacífica, suave, jorrando interesse e admiração por todos os poros.

Adoro nossas brincadeiras descontraídas, nossas engraçadas adivinhações, as charadas estapafúrdias, os enigmas disparatados que inventamos e, principalmente, os convites indecentes e inconfessáveis que você me faz. Adoro sua rendição e nossa entrega. Adoro quando você age como se fôssemos completamente invisíveis e afoito me beija em público, e eu fico corada com seu inesperado rompante e ousadia.

Adoro sua prontidão e sua agilidade nas respostas aos meus incontáveis questionamentos, não esperava outra coisa de você. Adoro suas propostas irrecusáveis, suas loucuras de amor para me fazer feliz, seus projetos de vida e suas certezas no amanhã. Adoro a maneira colorida como você tem enxergado o mundo ultimamente; pelo menos, o nosso mundo. Adoro sua sinceridade e sua verdade; estimula-me a ser sincera e verdadeira também. Adoro sua coerência, seus esforços, sua divisão de tarefas na construção desse amor que já nasceu grande e caminha a passos largos rumo ao infinito.

Adoro você. Adoro seu querer, que é muito parecido com o meu. Aliás, tudo em você me deixa fascinada e em absoluto êxtase. Você continua lindo? E meu? Para sempre, meu?

ELA, O VELEIRO E O MAR

Na tentativa de chegar ao outro lado, ela seguiu à risca a rota marítima que inicialmente fora traçada e velejou tranquila na calmaria das ondas do mar, ouvindo as canções de amor que ele havia feito para ela. Estava tão feliz que nem percebeu que o sol já estava quase se pondo no horizonte, por isso encostou a cabeça na balaustrada do veleiro e ficou ali, serenamente, contemplando o belo entardecer de céu alaranjado. Acabou adormecendo e ao acordar deu-se conta de que estava à deriva, completamente sozinha na noite escura. Teve muito medo dos albatrozes, por isso lançou mão de seu kit de sobrevivência, sabendo que ali era só ela, o veleiro e o mar.

"Quando o mundo está de cabeça para baixo, onde está o norte?", pensou desolada, querendo desistir de tudo, até mesmo do viver, mas depois de alguns minutos decidiu acertar a bússola, soltar as amarras, abaixar as velas, ajeitar seu colete salva-vidas e deixar que a correnteza a levasse ao seu bel-prazer até o cais. Como o ar já lhe faltava, ergueu os braços ao céu e orou fervorosamente, respirando com sofreguidão a brisa fria daquela imensa escuridão. Depois chorou, mas não havia ninguém ali para consolá-la.

E o novo dia amanheceu cinzento, repleto de nuvens negras dançando naquele céu em fúria, anunciando a chegada de forte tempestade. Mas ela não se desesperou, pois tinha guardado no coração toda a beleza azul do dia anterior e entendeu que cedo ou tarde ancoraria novamente no cais.

DESABAFO

Quando faltam palavras adequadas para explicar o intricado sentimento de mágoa que às vezes machuca nosso íntimo, entram no lugar o estouro das expressões sem polimento, o espantoso desesperar da alma falante, o legítimo desabafo de suposições que satisfaçam e apaziguem nosso coração naquele crucial momento. São quase sempre afirmações aleatórias e desconexas, prontas para verbalizarem nossos sentimentos confusos, nossos pensamentos ambíguos.

Somente quando o coração descansa é que a razão dá meia-volta e vem refazer a rota das palavras proferidas, na tentativa de validá-las, amenizá-las ou desfazê-las. É somente mais tarde que a razão vem tapar os buracos que são abertos pelos caminhos da explosão, do arrebento e da insensatez do coração. Não é civilizado, não é bem-educado nem polido, mas é compreensível. É desculpável.

Então, no auge desse complexo sentimento que agora machuca meu coração, aproveito para desabafar sem preâmbulos: ontem ele era meu Norte, meu destino, minha luz e minha bússola. Hoje é meu descaminho, meu desequilíbrio, minha obscuridade e desorientação.

PERFUME DE MULHER

Há uma cena inesquecível no filme *Perfume de mulher*, em que o personagem cego vivido por Al Pacino convida uma linda moça para dançar um tango de Carlos Gardel, e ela lhe responde: "Não posso dançar com você porque meu noivo vai chegar em poucos minutos". E conduzindo-a num passo de tango, ele responde: "Mas em um momento se vive uma vida!".

Essa pequena cena é a mais bonita do filme. Sei que um simples momento é capaz de mudar todos os outros momentos da vida da gente e que em apenas um minuto pode-se viver uma vida inteira. Isso pode acontecer. E hoje, ao rever esse filme de 1993, imaginei uma delicada cena de amor mais ou menos assim:

— Devemos prosseguir com nossa dança? - pergunta a mocinha cheia de expectativa, olhando no fundo dos olhos de seu noivo.

— Claro que sim, querida! Você é a mulher que imaginei estar ao meu lado pela vida inteira.

— Está realmente certo de querer dançar comigo, meu amor? - ela insiste.

— Claro que sim! Você é a minha eleita, de agora em diante seremos um par perfeito.

Ébria de paixão, ela sorri irresistivelmente, tentando absorver o encanto daquelas doces promessas.

Com a cabeça baixa, em sinal de respeito e mesura, ele inclina levemente o corpo para a frente, fazendo uma pequena reverência a ela, e fala:

— E você aceita dançar comigo, ainda que seja por um momento, mas valendo uma vida inteira?

— Sim, já não é possível pensar no hoje, no amanhã e na eternidade sem você.

— Isso também acontece comigo, minha querida.

— Veja! - exclama ela, sentindo-se excessivamente afortunada. - Lustres, castiçais, luminárias e candelabros já foram todos acesos, o salão já está completamente iluminado!

— Então venha comigo. Dancemos bem juntinhos, de rosto colado e para sempre. Nunca mais a deixarei sem mim. Nunca mais!

E, assim, ela viveu a vida inteira em apenas um minuto.

EM UMA NOITE FRIA

A luzinha do meu celular piscava insistentemente, anunciando novas mensagens. Comecei a ler as dele.

"Oi. Que saudade de você! Está tudo bem? Pode me mandar uma foto sua, com urgência?"

"Com urgência? Mas que tipo de foto você quer?"

"Ah, quero uma foto que pelos seus olhos eu possa te ver inteira."

"Não é um bom momento para fotografias."

"Por que não?"

"A primavera ainda não veio para abrir espaços, florir caminhos e realçar tudo. Inverno é tempo de espera."

"Não sou muito bom em decifrar esses meandros das estações."

"Falo metaforicamente, é claro."

"Você explora bem essa ideia figurativa."

"Pode aguardar um pouco mais?"

"Claro que posso!"

"Embora as noites frias sejam longas, elas já estão quase terminando."

"Suas palavras dizem isso, mas quero ver o que dizem seus olhos."

"Em breve você verá."

"Ok, continuarei aguardando."

"Que bom! Beijo."

A POMBINHA E O ROUXINOL

A felicidade que sinto agora me dá a quietude perfeita. Estive flutuando, levada pelas asas de uma Pombinha que há muito aprendeu a voar. Ela me conduz com dignidade pelos ares e vai me apresentando às florestas, aos campos verdes, aos riachos e a outros tantos pássaros que encontramos pelo espaço. Percebo que todos são livres e voam felizes.

Um Rouxinol canta uma bela melodia, mas não consigo decifrá-la, pois o deslumbramento do seu timbre de voz deixa-me extasiada. Carinhosamente, a Pombinha coloca-me sobre as asas do Rouxinol e eu simplesmente me permito ser levada dessa maneira, porque agora também faço parte desse encantamento. Conquisto com eles momentos incríveis de liberdade e fico em estado de graça.

A Pombinha e o Rouxinol voam lado a lado, e para não lhes ser um fardo permaneço quietinha ancorada sobre a maciez das asas do Rouxinol. Inesperadamente, ele começa a fazer acrobacias no ar e a Pombinha acompanha o voo com destreza e amplitude. Eles estão felizes somente por me verem feliz. De vez em quando a Pombinha acaricia de leve meus braços. Agiganto-me para receber, abraçar e aconchegar aquela doce felicidade.

O vento vem saudar-me com sua estupenda força. Ele me sacode com fúria, quase me desequilibra, mas depois serena e novamente se vai.

"Ah, estou meio tonta, preciso tocar o chão. Deixem-me em terra firme, por favor", imploro assombrada. E como num toque de mágicas, eles me colocam novamente sobre meus próprios pés e se vão batendo freneticamente suas asas em voo aberto.

Sou como um pequeno pássaro assustado. Fui criada em uma gaiola. Tenho asas, mas ainda não aprendi a voar.

SER ECLÉTICA

Sou eclética. Muito eclética mesmo. Já fiz um pouquinho de muitas coisas nesta vida, algumas por curiosidade, outras por necessidade, várias delas por pura teimosia, apenas para preencher o ócio do tempo, para crescer intelectualmente ou para estar diariamente mais perto de alguém muito especial.

Nessas idas e vindas transitei por vários caminhos diferentes, às vezes até antagônicos. Adoro estudar e aprender coisas novas. Fui aluna e professora, pé no chão e sonhadora. Cursei Administração de Empresas e Filosofia, fui conhecer um pouco de empreendedorismo e habilidades humanas. Estudei matemática financeira, lógica, estatística, contabilidade, a Grécia Antiga, um pouco dos principais filósofos da história, docência e até nuances do mercado imobiliário. Entre uma coisa e outra, escrevi dois livros. Mas verdade seja dita: se o mundo acadêmico já me ensinou muitas coisas, foi com a maternidade que seguramente mais aprendi. Ser mãe em tempo integral de duas filhas "perfeitas" e de um filho "excepcional" – em todos os sentidos da palavra – foi, com certeza, meu melhor papel.

Acontece que às vezes as estrelas se alinham com esmero e requinte e os caminhos se cruzam com absoluta perfeição, pelo menos por um tempo. Para mim, essa mágica se deu quando esses meus dois grandes professores (o mundo acadêmico e o da maternidade) se encontraram. Foi quando tive o privilégio de poder estudar ao lado de minha filha primogênita. Quantas pessoas neste mundo têm a sorte de viver o mesmo momento universitário, em pé de igualdade, com sua filha sentada na carteira ao seu lado? Ela já me fazia feliz pelo simples fato de existir, mas nesse profícuo tempo em que fomos colegas, ela se tornou também minha mestra na garra e na arte da dedicação, da camaradagem, da metodologia apurada e por ser a aluna nota dez que sempre foi.

Ah, que bênção poder ter minha própria filha como colega de classe e ter imortalizado no coração e em fotografia o momento em que recebemos juntas nossos diplomas de pós-graduação! Foi simplesmente inesquecível esse período em que estivemos sentadas lado a lado na mesma sala de aula. Foi inesquecível, um tempo lindo e profícuo, precioso demais para o meu coração.

BALÕES AO VENTO

E se durante o voo nós nos perdermos? E se a força do vento o carregar para longe de mim? E se a direção de nossos balões for antagônica? E se seu balão for carregado para o vale e o meu empurrado para as formações rochosas?

Ah, que desventura!

Você assegura que irá me procurar nos lugares mais difíceis, arriscados e improváveis? Garante que jamais desistirá de nós dois? Promete que de um jeito ou de outro você irá me encontrar no final?

Jamais se esqueça: aconteça o que acontecer, eu sempre te esperarei, até o final dos tempos.

SIMÃO PEDRO

Acabei de chegar da missa dominical. No Evangelho de hoje, segundo João, Jesus perguntou a Simão Pedro:

— Simão, filho de João, tu me amas mais do que estes?

Ele respondeu:

— Sim, Senhor, Tu sabes que Te amo.

Jesus disse-lhe:

— Apascenta os meus cordeiros.

E perguntou de novo a Pedro:

— Simão, filho de João, tu Me amas?

E ele respondeu:

— Sim, Senhor, Tu sabes que Te amo.

E Jesus disse-lhe:

— Apascenta as Minhas ovelhas.

Pela terceira vez, Ele perguntou a Pedro:

— Simão, filho de João, tu Me amas?

Pedro entristeceu-se porque Jesus já o havia perguntado três vezes se ele O amava. E de novo ele respondeu:

— Senhor, Tu sabes tudo, Tu bem sabes que Te amo.

Jesus disse-lhe:

— Apascenta as Minhas ovelhas [...]". [16]

---

[16] BÍBLIA. Bíblia Sagrada. Tradução de Missionários Capuchinhos. Lisboa: Edição Católica Familiar, 1998. João 21:15-22.

De forma especial esse Evangelho de hoje me fez meditar mais demoradamente sobre as inseguranças do coração. Se Jesus, que é perfeitíssimo, onipotente, onisciente e onipresente perguntou três vezes seguidas se Ele era amado por Simão Pedro, imagine eu, que sou uma simples e reles mortal, de quantas confirmações do amor do meu bem-querer eu preciso para apaziguar meu coração?

Portanto, apesar de todas as intempéries da vida, se tu realmente amas-me, então traga-me a serenidade e a certeza do teu amor. Por favor, meu amado, encarecidamente imploro-te, apascenta meu coração sem demora!

DONA FELICIDADE

A noite de ontem foi leve, quase mágica. Meu dia amanheceu iluminado, a casa florida e o meu céu todo azul, sem nuvens. Sinto-me feliz. Meu coração está em festa.

Que bom que você chegou, dona felicidade! Há muito eu te esperava. Você dormiu e acordou comigo, preenchendo de doçura todos os momentos meus. Você chegou sem aviso-prévio e já se apossou de tudo que me diz respeito. Amei sua chegada triunfante e repentina. Você veio no ritmo certo, cantando afinada, sambando graciosamente, preenchendo de encantos todos os espaços do meu coração. Agora a alegria me acompanha por onde vou, aqui ou acolá. Aliás, essa tal felicidade me tira do sério e me faz gar-ga-lhar.

E aqui estou eu, em êxtase absoluto, agradecendo a Deus por tamanha bem-aventurança. Então dona felicidade, eu imploro: estenda ao máximo sua estadia por aqui. Eu me entrego a você de corpo e alma. Faça de mim o que quiser.

MÃE À DISTÂNCIA

Sou muitas mulheres. Exerço vários papéis, mas acima de tudo, sou mãe. Esse é o melhor de mim. Depois que os filhos crescem e se vão, o fantasma do "ninho vazio" assombra e entristece os corações das mães. Algumas se desequilibram emocionalmente, outras até enlouquecem.

Torna-se imprescindível descobrirmos o quanto antes quem somos e providenciarmos rapidamente outra ocupação para nos entreter. E nessa altura do campeonato é possível também que tenhamos que tirar uma nova "Carteira de Trabalho". Como é constrangedor responder quando me perguntam: qual é a sua profissão? Essa é a pior parte na terceira idade. Nunca sei o que responder a quem me pergunta. Olho rapidamente para dentro de mim mesma, tentando ganhar tempo, e replico assustada:

— Minha atual profissão? Ah, não sei ao certo o que lhe dizer. Posso enumerar o que já fiz nesta vida e você faz sua escolha? Pode ser?

— Pode, sim - responde perplexa minha curiosa interlocutora.

— Bem, já fui estudante, balconista, estagiária, recepcionista, bancária, dona de casa, esposa, escritora, professora, administradora de empresa, filósofa, corretora de imóveis e mãe, mas eu fui mãe meeeeeeesmo, do tipo dedicação exclusiva, sabe? E dentro do quesito mãe exerci também as profissões de enfermeira, fonoaudióloga, conciliadora, motorista, faxineira, fisioterapeuta, psicóloga, cabelereira, chef de cozinha, passadeira, guarda-noturno, melhor amiga, exímia contadora de histórias e por aí vai... Agora que meus filhos cresceram e se mudaram para longe é difícil saber qual é meu novo papel. Ah! Acho que já sei lhe dizer o que sou atualmente: sou mãe à distância! Será que existe essa profissão?

Minha interlocutora esboça um sorriso sem graça e faz uma carinha de assustada enquanto move a cabeça para a esquerda e depois para a direita, num gesto negativo.

Pois é, somente quando compreendemos que a verdadeira maternidade está na capacidade de renunciarmos ao nosso bem-estar para ajudarmos nossos filhos a se desenvolverem e florescerem longe dos nossos olhos, somente quando nos desprendemos de suas presenças físicas para que sejam livres, capazes de buscar e encontrar a felicidade e a estabilidade emocional em outras paragens distantes de nós, é que realmente exercemos a verdadeira doação do maternal amor incondicional.

Hoje meu ninho está completamente vazio. Meus três filhos estão morando muito longe de mim. Ao me ver tristonha dia desses (certamente só para me consolar), meu irmão caçula me disse: "Sinta-se feliz, Lili. Seus filhos estão residindo nos três melhores lugares do universo: uma está morando em Nova York, a outra em Paris e o outro no Céu".

Suspirei pesadamente e lhe sorri meio desenxabida. Era verdade, meu irmão não estava de todo errado.

Então, que eu seja agora simplesmente uma "mãe à distância" e possa caminhar tranquila e resoluta pelos escuros dias invernais. Sei que é necessária muita resignação, que é indispensável saber lidar com a nostalgia que por vezes sufoca e compromete meu pleno viver, sei que é imperativo administrar a saudade que insiste em esmagar meu peito e seguir adiante corajosamente, à distância, mas sempre muito perto do coração deles.

GAUCHESCO

Tu sumiste ontem, minha guria! Por onde andastes? Entreveros? Ou será que saíste por aí saracoteando sem mim? Tu não penses em uma barbaridade dessas, tchê! Não me deixes abichornado aqui tão longe de ti. Tu recordas que viajarei para Bagé na quarta-feira de manhã, não recordas? Tu sabes também tudo o que sinto por ti. Bah, não fiques atucanada com minha demora por lá. Prenda minha, tu és divina, tua beleza é inegável, desconheço se Deus fez outra mulher melhor que tu. Realmente tu és de cair os butiás dos bolsos de tão guapa. Tu és tão essencial para mim quanto o chimarrão. Hoje vou dar umas bandas pelos pampas e pelos próximos dias estarei em uma viagem trilegal pelo sul da capital. Sabes onde fica Alegrete, guria? É para lá que vou. Amo-te uma barbaridade, tchê! E tu me amas assim também? Não me deixes sem notícias tuas. E não te esqueças que no domingo à noite vou para Porto Alegre, tchau.

A OITAVA MARAVILHA

As sete maravilhas do mundo antigo fazem parte de construções grandiosas e muitas delas resistem bravamente quase que totalmente intactas até os dias de hoje. São belas obras arquitetônicas verdadeiramente surpreendentes, que representam a cultura, a história, a religião e os costumes de povos antigos. Sem dúvida, são o ápice da engenharia humana e da beleza, que desafiam as limitações do tempo.

A grande *Pirâmide de Gizé*, o *Mausoléu de Halicarnasso*, a *Estátua de Zeus*, os *Jardins Suspensos da Babilônia*, o *Farol de Alexandria*, o *Templo de Ártemis* e o *Colosso de Rodes* são maravilhas do mundo antigo que continuam a povoar minha imaginação.

Mas, afinal, o que constitui uma verdadeira maravilha? Penso que depende muito dos olhos de quem a vê. A beleza é uma particularidade que incita uma sensação de arrebatamento e êxtase, que desperta admiração ou prazer por meio dos sentidos, um conjunto de características harmoniosas e agradáveis à vista. Mas a beleza é sempre relativa, muitas vezes o que é bonito para um não é bonito para outro.

Há muitos e muitos anos ouvi um lindo homem apaixonado dizer que não eram apenas sete as maravilhas do mundo, mas oito. Olhei-o assustada e muito curiosa, e ele simplesmente completou seu inesquecível galanteio: "É que para mim você é a oitava maravilha do mundo!".

Uau!!! Nem é preciso falar aqui do tamanho do meu espanto e da minha emoção. Desde então todas as vezes que vejo ou ouço falar qualquer coisa a respeito das maravilhas do mundo antigo recordo-me desse episódio.

Essas lindas lembranças seguem vivas comigo desde aquela longínqua época, não por vaidade que estão intactas em minha memória nem por acreditar que realmente eu fosse uma maravilha, mas por achar que essa forma de dizer o quanto eu era especial para ele tocou profundamente meu coração. São essas lindas e doces palavras que desde então estabeleceram para mim as bases do maior e mais puro amor que hoje eu poderia tirar do meu baú de lembranças só para sorrir e sonhar.

É claro que todos nós já fomos ou ainda somos verdadeiras maravilhas para o mundo de alguém. Todos temos em nossos mundos nossas próprias maravilhas para admirarmos, vivenciarmos ou recordarmos.

Dizem que os diamantes são eternos. Realmente são. E eu acrescento aqui que um elogio como esse também é. Ergo agora minhas mãos aos céus e agradeço a Deus por tamanho fascínio, pela doçura das palavras dele e, principalmente, por essa incomensurável e inesquecível paixão.

A MENTIRA TEM PERNA CURTA

Diz o ditado popular que a mentira tem perna curta e prazo de validade. E tem mesmo. Quando uma mentira é contada com a clara intenção de ludibriar outra pessoa, a dívida contraída pelo embusteiro é sempre alta demais. Ao invés de dizer a verdade, o mentiroso trapaceia, inventa variadas histórias e quase nunca se lembra das mentiras que contou, e o mesmo fato passa a ter muitas outras versões.

Normalmente mente-se por medo das consequências, para manter as aparências, para evitar ferir os sentimentos do outro, por ansiedade, por insegurança, para evitar conflitos, para se safar de uma situação incômoda, por não poder cumprir uma promessa, para adiar um problema, para evitar uma grande perda ou um mal maior.

Por uma grande ironia do acaso soube hoje de uma lorota que me foi contada meses atrás. Contada deliberadamente. Fiquei perplexa. Fui ao céu e voltei, acho que em pensamento dei uma volta inteira ao mundo antes de poder recobrar a cor do meu rosto, que havia empalidecido.

Ah, que grande decepção uma mentira nos traz! Nesse momento crucial de desilusão e desencanto, quisera eu ser uma competente psicoterapeuta só para conseguir ouvir meu "paciente mentiroso" e não o julgar, não o criticar, não o punir. Demorei para conseguir ouvir as explicações desconexas que ele insistia em me dar. Meu coração havia se fechado bruscamente naquele momento, mas meus olhos magicamente se abriram. De nada adiantaram suas elucidações contraditórias.

Uma coisa é certa: a sinceridade às vezes machuca muito, mas a mentira faz um estrago muito maior, ela arruína qualquer tipo de relacionamento. Mentir é trágico, é adiar intencionalmente um problema e fazer uma vergonhosa dívida com o tempo.

OLHOS DE LINCE

Enxergar bem é privilégio de poucos. Na mitologia grega, Linceu, o piloto da expedição dos argonautas, enxergava excepcionalmente bem. Diz a lenda que ele tinha olhos cristalinos e apuradíssimos, uma capacidade visual extraordinária. Linceu conseguia ver através de paredes de pedra e tinha aptidão para ver até o que acontecia no céu e no inferno, e isso não é para qualquer um não. Vem daí a expressão ter "olhos de lince".

Em alguns raros e esporádicos momentos isso também acontece comigo pela telinha do celular. Às vezes procuro, miro e por sorte ou por pura coincidência encontro meu alvo de primeira. Isso acontece quando às vezes clico no nome dele no aplicativo WhatsApp do meu celular só para conferir seu último horário on-line. Mas dar de cara com ele buscando-me também é pura emoção.

Pela memória posso vê-lo nitidamente e quase que posso enxergá-lo através da tela. Esse mirar é sempre um delicioso, infalível e emocionante encontro. Quando calha de ele estar on-line, há uma grande explosão de alegria em meu coração pela exatidão da pontaria. Tenho a nítida impressão de ser um lacônico olho no olho, um alvejado preciso e absolutamente certeiro, um quase suspiro silencioso, um anseio completo e perfeito. É tiro e queda. É pá, pum!

Quando isso acontece tenho vontade de usar a forma informal de se comunicar dos norte-americanos e lhe perguntar: "What's up?". Mas não o faço. Depois do susto inicial e do gelo que sinto na espinha, fico mentalmente brincando com ele de "estátua". Sempre permaneço com um grande sorriso nos lábios e o coração disparado de contentamento. Ganha a brincadeira silenciosa quem consegue ficar por mais tempo na mesma posição de felicidade: é claro que eu sempre ganho!

PÓ DE ESTRELAS

Minhas netas adoçam meu viver com gotas açucaradas de mel e fazem mágicas incríveis em minha alma. Elas espalham pó de estrelas por todos os cantos da casa, como se devolvessem a mim as grandes alegrias dos meus tempos de criança feliz. Ao lado delas vivencio momentos de inocência e ternura e meu coração saltitante de alegria faz uma grande festa. Nenhum remédio é mais poderoso do que um sorriso banguela ou um abraço apertado dessas belezuras. Nem as borboletas, nem as cores, nem as cerejas, nem as flores, nem mesmo o doce de batata-doce poderia ser mais doce que essas adoráveis pequeninas. Elas ressignificam minha existência.

Na presença delas não existem problemas e me sinto infinitamente afortunada. Tudo é mais florido, mais divertido e muito mais colorido. Sem nenhuma consciência do bem que me fazem, elas espalham o mágico pozinho de pirlimpimpim em meu coração e me fazem sorrir. Ser avó é, sem dúvida, uma bênção infinita.

Com minhas netas tenho o privilégio de decolar magicamente em uma fantástica viagem até a infância, voando de primeiríssima classe, em alto estilo, com direito a Champagne Moët Chandon, música francesa, guardanapos em linho branco, taças de cristal, talheres de prata e pratos de delicada porcelana chinesa.

Com elas ao meu lado o Céu é aqui na Terra. Tudo está explicado e dignificado. Para sempre, elas!

O QUE É QUE VEM DEPOIS DO FIM

Assim como nos textos e redações em que temos a introdução chamativa, o desenvolvimento explicativo e a conclusão calcada nas ideias que transpassam todo o texto, na vida amorosa também é assim: tudo tem seu começo, meio e fim.

Quando um casal vive uma estável relação amorosa e repentinamente o amor de um deles se torna menor ou acaba, é desolador. Se um deles decide ir embora, o que fica perde temporariamente sua identidade e seu chão. Dali em diante passa a viver meio capengando, sentindo um imenso vazio no coração, como se ele tivesse sido arrancado do peito à força, sem anestesia.

É evidente que depois de uma separação sem consenso ambos ficam menores e de muitos modos morrem um pouco também. Para o parceiro que ainda ama e não queria se separar começa uma triste viagem de volta ao passado, como se fosse um quebra-cabeça de dor para armar. Automaticamente inicia-se para ele uma retomada à introdução do relacionamento e ele passa a viver à procura desenfreada de respostas que justifiquem aquele desfecho doloroso.

Quando um dos cônjuges vai embora, suscita profundas transformações no coração daquele que ficou. Separados, cada qual viverá outras tantas emoções, mas a que preço? Qual será o tamanho do estrago emocional de cada um?

É certo que ao tomar a decisão de partir o corajoso consorte levará camuflado no coração o medo de conhecer em breve a dor do arrependimento; mesmo assim ele vira as costas para essa possibilidade e vai em frente, resoluto; afinal, a determinação e, quiçá, uma nova paixão ardendo em seu peito são suas maiores aliadas, elas o encorajam.

Ao longo da vida ambos poderão até encontrar outros parceiros, mas não conseguirão esquecer de quem os amou em tempos passados, de quem lhes ouviu os lamentos, de quem os auxiliou na travessia de momentos difíceis da vida. Por mais anos que vivam não conseguirão esquecer de quem os ajudou a florescer em tempos pregressos.

A última parte de uma relação amorosa é sempre a mais difícil de ser vivida, seja ela em que tempo for. É preciso força e coragem para desistirmos do que já foi nosso mundo um dia. Ao terminarmos uma relação afetiva, resta-nos a opção de abaixarmos e recolhermos os cacos, aceitarmos sua conclusão, entendermos seu desfecho e dizermos confiantes para nós mesmos: "Acabou. E agora? O que é que vem depois do fim?".

ROSAS VERMELHAS

Há muitos e muitos anos, talvez umas cinco décadas, havia uma menina-moça apaixonadíssima por um homem competente, inteligente, lindo e muito charmoso. Ele trabalhava perto da casa dela e quase todos os dias, já próximo ao final do expediente dele, ela colhia uma rosa vermelha no jardim de sua casa e corria para depositá-la no para-brisa do carro dele, que invariavelmente ficava estacionado ali perto. Depois ela rapidamente se afastava para não ser vista, mas ficava de longe observando o sublime momento dele se aproximar do carro e encontrar a rosa.

O belo homem sempre se debruçava sobre o capô de seu veículo, pegava a rosa vermelha, inalava seu perfume e em seguida abria a porta e a colocava cuidadosamente sobre o painel. Depois ligava o carro e saía bem devagarinho, como se não quisesse ir embora dali. Ele retirava-se sem pressa, levando com ele a rosa vermelha e todo o amor que transbordava do coração daquela menina-moça, que muito emocionada continuava a observá-lo de longe, até seu carro sumir no final da avenida. Era bonito de se ver. E essa cena se repetiu muitas e muitas vezes.

Ah, que saudade dos anos dourados da minha meninice e daquelas noites enluaradas tão repletas de emoção, expectativa e paixão!

Será que aquele homem lindo guardou como recordação algumas pétalas vermelhas entre as páginas de seus livros prediletos? Será que ele ainda as tem? Será que algum dia desconfiou que aquela menina-moça tão apaixonada era eu? Será?

NOME PRÓPRIO

O nome próprio é um substantivo que nos identifica e nos distingue dos demais, de forma específica. Recebemos dos nossos pais um nome próprio qualquer, que pode ser simples ou composto, acrescido dos sobrenomes de família.

Diferentemente de meus irmãos, meu nome é singelo. Chamo-me, simplesmente, Eliana. Hoje ainda não "morro de amores" por meu nome, mas já aprendi a não desgostar tanto dele.

Na adolescência queria porque queria que meu nome fosse Renata. Um pouco depois já quis me chamar Paula, Eduarda, Fernanda, Silvia, Aline e Lara. Mas ao longo dos anos fui ganhando alguns apelidos bonitinhos: Li, Eli, Lili, Liana, Lilibeth e Lilica.

Em algumas ocasiões inusitadas, excepcionais ou especiais, também já me chamaram de gata, mineirinha, morena, benzinho, paixão, *mia luce*, minha querida e meu amor.

Ah! Tem mais dois outros nomes que orgulhosamente carrego comigo e que soam aos meus ouvidos como se fossem música clássica: mamãe e vovó. Esses dois são melodiosos, doces, bálsamos e bênçãos. Os apelidos que orgulhosamente carrego comigo são sinônimos de proximidade, ternura, saudade, aconchego e amor... de muito amor.

ELA

"Ela chegou de mansinho e se fixou em meu coração como tatuagem. Ela nasceu em plena primavera. Ela não economiza sorrisos nem palavras carinhosas. Ela dança em meus pensamentos e sem perceber me fez vestir novamente o uniforme do ginásio. Ela espalha ternura por onde passa e jamais vai embora completamente, pois sempre deixa em mim rastros de presença e saudade. Com as palavras ela consegue ser suave como pluma e nos gestos delicados voar serena como gaivota. Entende de tudo um pouco e de algumas coisas ela entende muito. Ela sabe amar bonito e consegue me elogiar a todo instante, sempre exaltando aquilo que há de melhor em mim. Ela tem um cheiro bom de colônia francesa, um gostoso sotaque mineiro e um jeito bonito de menina. Ela passeia com desenvoltura pela pobreza ou riqueza, entre o corriqueiro e o extraordinário. Ela saboreia a vida como ninguém e dá gosto vê-la se lambuzando dela. Ela ama a lua cheia, as montanhas alterosas e os dias frios de inverno. Ela sonha dia e noite, ininterruptamente, sem cerimônia. Ela se emociona, alegra-se e me faz sonhar também. Ela tem alma de artista e vive a brincar de esconde-esconde pela vida afora. Vivo correndo no encalço dela, mas nem sempre consigo alcançá-la. Ela é linda, suave, morena jambo, menina trigueira. Ela é mais coração que razão. Ela é uma inesquecível lembrança, um sonho dourado, minha grande esperança. Ela é a malabarista do meu circo, o meu bem-querer e minha melhor oração. O nome dela? Ah, isso eu não digo não. Vou chamá-la apenas de meu amor, de minha grande e eterna paixão."

Hoje essa carta foi encontrada casualmente entre as páginas de um livro. Tenho certeza de que você também já recebeu muitas cartas de amor como esta, só que podem não ter chegado até você escritas em uma folha de papel ofício, assim como chegou a minha, mas é possível que tenham chegado por meio de olhares, sorrisos, silêncios, surpresas agradáveis, abraços apertados, um escalda-pés quentinho, um ramalhete de rosas vermelhas, orações, beijos e pelos muitos "sins" que você recebeu ao longo da vida. Isso não importa. O importante é que nos vejam tal como somos e que nos amem "apesar de", ou que pelo menos nos enxerguem dessa maneira bonita, com lindos óculos de lentes cor-de-rosa.

DEMÉTRIUS

Semana triste esta. Entre tantas perdas que tivemos, agora perdemos também o romântico cantor Demétrius, um dos ídolos dos anos 60, o cantor de voz doce e suave de *O ritmo da chuva*. Que pena!

Lembrei-me de um fato engraçado ocorrido entre nós dois durante os anos 80, em São Paulo. Tentar escrever esse episódio é muito mais difícil do que contá-lo pessoalmente. Mas vamos lá.

Minha irmã tinha se mudado para um apartamento no bairro dos Jardins e me contou que o referido cantor também morava naquele prédio; então eu, que sempre fui muito fã dele desde os tempos da Jovem Guarda, pensei: "Nossa, que felicidade sentiria se qualquer dia o encontrasse por lá".

O tempo foi passando, e embora eu fosse uma frequentadora assídua do apartamento de minha irmã nunca consegui vê-lo. Até que depois de muitos meses, numa tarde quente de verão, ao chegar no edifício dela, vi que o cantor Demétrius estava entrando de carro pelo portão da garagem. Meu coração quase saiu pela boca. Passei pela portaria rapidamente, atravessei o hall de entrada, apressei os passos para chegar logo ao elevador social, apertei o botão e nervosa fiquei esperando por ele no andar térreo. Quando a porta do elevador se abriu, entrei sem olhar para o ocupante ilustre que já se encontrava ali dentro, ignorando-o mesmo, de propósito. Apenas murmurei um frio e displicente "boa tarde".

Há um espelho na parede do elevador e da maneira como me posicionei podia ver Demétrius de relance. Ele estava sério, de cabeça baixa, lendo um papel. E, do nada, e do nada meeeesmo, comecei a cantar o refrão de uma de suas músicas: "Eu não presto, mas eu te amo. Eu não presto, mas eu te amo".[17] Ele ergueu imediatamente os olhos e me olhou visivelmente assustado com tamanha "coincidência", mas continuei impassível olhando para a frente, fingindo não o reconhecer.

Após alguns instantes, Demétrius abaixou novamente a cabeça e nesse momento tinha um semblante risonho. E pela segunda vez, do nada, comecei a cantar outra música dele, a mais conhecida e de maior sucesso: "Olho para a chuva que não quer cessar, nela vejo o meu amor [...]".[18] Quando compreendeu que tudo aquilo não era nenhuma coincidência, ele me olhou sorrindo (um sorriso lindo e meio tímido) e exclamou: "Você é muito espirituosa, menina!".

Sorri. Ele sorriu também. Estava radiante. Essa foi a forma diferente que encontrei para lhe dizer que o conhecia de longa data, que sabia de cor suas músicas e que era sua fã desde sempre. Sei que ele gostou de saber.

Apenas resplandeci.

---

[17] CARLOS, Roberto. *Não presto, mas te amo*. Interpretação de Demétrius. Vitrola Digital. Warner Músic Brasil Ltda. 1967.

[18] NETTO, Demétrio Zahra; GUMMOE, John. *O ritmo da chuva*. Versão em português de *Rhythm of the rain*. Interpretação de Demétrius. 1964.

UM JEITO POÉTICO DE RECORDAR

O amor é algo extraordinário. Dominados por paixões fazemos associações de ideias entre coisas simples, sentimentos abstratos e a saudade que sentimos do ser amado.

As sensações nos arrebatam e fascinam, são algo que se conectam e voltam à nossa memória continuamente, assim como em um estourar de boiada desgovernada. As percepções vêm num verdadeiro turbilhão e seus efeitos são duradouros em nós. Chegam muitas vezes em forma de suaves lembranças, surgem instantaneamente por meio de uma música, uma cor, um sorriso, um lugar, um perfume, um olhar ou até mesmo de um passeio à beira-mar. Tudo nos remete ao ser especial que nos cativou. Há em tudo isso uma certeza: a música, o perfume, as cores ou o lugar estarão continuamente integrados na memória e serão sempre os disparos ternos, os doces gatilhos que serão prontamente acionados.

Meu coração se revigora e pulsa com entusiasmo e milagrosamente se alegra com as lembranças do meu bem-amado. Para esquecer é preciso indiferença, mas para relembrar basta estar viva, basta amar. E eu o amo.

Afinal, já que ele continua sendo minha saudade de todos os dias e já que não posso esquecê-lo de vez, que pelo menos eu possa fechar os olhos para acalmar meu coração e recordá-lo amiúde, demorada e docemente, pois a maneira mais bonita e delicada de recordar de quem amo é amando o barulho do vento no trigo, assim como nos lembra poeticamente Saint-Exupèry em seu *Pequeno Príncipe*.[19] É desse mesmo modo aprazível que sempre me lembro dele.

---

[19] SAINT-EXUPÈRY, Antoine de. *O pequeno príncipe*. São Paulo: Escala, 2015.

TEMA DE LARA

Além de terem a capacidade de perceberem e captarem quase todos os sons, nossos ouvidos ainda nos proporcionam grande variedade de sensações inebriantes. Sabe aquela música que nos faz lembrar de momentos incríveis, suspirar de saudade e trazer à tona percepções marcantes e indescritíveis?

Pois é, algumas trilhas sonoras têm esse poder. E o *Lara's theme*, sem dúvida, é minha trilha favorita. Música composta pelos geniais arranjadores Maurice Jarre e Paul Francis Webster para a personagem vivida por Julie Christie no belíssimo e comovente filme *Doctor Zhivago*, um inesquecível drama épico de 1965, que tem como pano de fundo a Revolução Russa e suas danosas consequências.

Como esquecer daquela tempestade soprando com fúria nas gélidas noites de inverno de Moscou? Como não lembrar da neve branquinha caindo sobre casas, ruas, árvores e estradas, e toda a imensidão das gélidas paisagens russas? São imagens muito marcantes. E a cena de Jivago correndo desesperado até o sótão da casa de campo só para contemplar mais uma vez sua linda e amada Lara se afastando na carruagem de Viktor Komarovsky no meio daquela alva paisagem gelada? São cenas memoráveis da sétima arte, um filme lindo, emocionante e mágico, premiado com Oscars e Globos de Ouro.

Além de exercer a medicina, Jivago (Omar Sharif) é também um poeta lírico que se divide entre o amor de sua bondosa e aristocrática esposa, Tonya (Geraldine Chaplin), e da bela e apaixonante enfermeira plebeia, Lara (Julie Christie). É no meio desse conflituoso amor que a canção é tocada muitas vezes ao som da balalaica, instrumento de três cordas típico da Rússia. E a gente se comove e se arrepia.

O filme é um verdadeiro bálsamo para o espírito, um dos grandes e melhores da história do cinema, um verdadeiro deleite, objetivamente majestoso pelo que nos foi apenas sugerido. Além da linda trilha sonora tem também belíssimas fotografias e cenas inesquecíveis.

A melodia *Somewhere my love*[20] me emociona profundamente e me faz recordar de uma noite memorável de um lindo mês de dezembro de muitos anos atrás. Ela tem a capacidade de falar muito alto ao meu coração e de me levar às estrelas.

Então, só para você jamais se esquecer, repito agora bem baixinho: "Someday we'll meet again, my love".[21]

---

[20] WEBSTER, Paul Francis; JARRE, Maurice. *Tema de Lara*. 1965. [Filme *Doctor Jhivago*].

[21] "Um dia nos encontraremos de novo, meu amor" – Tradução livre

PERFUME ANGEL

Ao longo da vida usei algumas colônias suaves e vários perfumes diferentes. Dos 15 aos 18 anos usava apenas *Alfazema* ou *Almíscar*. Naquela época até ganhei o apelido de "mineirinha cheirosinha", dado por um rapaz carioca, estudante de Medicina.

Com o passar dos anos fui experimentando colônias e outros perfumes de fragrâncias suaves ou até um pouco mais fortes. Experimentei o *Light Blue*, da Dolce & Gabbana, e o *My Burberry*, da icônica marca britânica Burberry (esse realmente me balançou). De alguns anos para cá entrou também na minha lista preferencial o perfume da Lancôme *La vie est belle*. Gosto de usá-lo quando estou triste, ainda não descobri o porquê. Mas meu perfume predileto, o campeão dos campeões, aquele que chegou em minha vida para ficar e reina absoluto em minha preferência há quase dezenove anos é o *Angel*, da Thierry Mugler.

É um perfume diferente, marcante, cativante, doce e ao mesmo tempo sensual. Ah, que perfume delicioso! É uma questão de pele, de combinação e encantamento. Sobre ele e por causa dele já ouvi coisas lindas, algumas inconfessáveis até!

Existe uma interessante expressão da língua francesa muito usada por lá, que diz *La Madeleine de Proust*.[22] Isso acontece quando uma pessoa, ao sentir o específico cheiro do nosso perfume, tem de imediato uma memória involuntária de nós.

---

[22] "La Madeleine de Proust" é uma expressão da língua francesa que se refere à memória voluntária, que acontece quando um som, cheiro ou sabor faz com que uma pessoa se lembre de algo sem nenhum esforço adicional.

Habitar na memória olfativa de quem senti o aroma do perfume *Angel* é poder atribuir pluralidade de sensações boas e peculiares a mim mesma. Saber que alguém teve uma reação gostosa e visceral pelo cheiro bom e que fui lembrada por isso é personificar-me.

PREFERIDA OU PREDILETA

Por enquanto tenho somente duas netas. Desde que a primogênita era pequenina eu sempre lhe dizia que ela era a minha neta "preferida". Ela podia não saber ao certo o que significava ser a minha preferida, mas sentia que era alguma coisa muito especial, pois sorria feliz.

Já para a neta caçula eu sempre dizia que ela era minha neta "predileta". Ela também parecia gostar do que ouvia, mas assim que cresceu um pouco mais e começou a entender melhor as coisas me questionou:

— Vovó, você sempre diz que minha irmã é sua neta preferida. E eu não sou? Por quê? Também quero ser sua preferida!

Sorri de satisfação.

— Ah, minha querida menininha, mas você já é a minha neta predileta!

— O que quer dizer predileta, vovó?

— Quer dizer que você é a neta mais querida, a mais admirada, a mais estimada, a mais amada.

— E preferida quer dizer o quê?

— Quer dizer que é a minha neta mais apreciada, a mais especial, a mais benquista, a mais valiosa.

Ela ficou me olhando intrigada, tentando processar tantas palavras novas e entender seus significados. Estava visivelmente confusa. Mas inteligente e questionadora como é, ainda ousou me perguntar:

— Mas vovó, qual é a melhor, preferida ou predileta? Você pode me explicar?

— Preferida e predileta são sinônimos, minha neta. De maneira geral, podemos dizer que os sinônimos são palavras da mesma classe gramatical que têm significados idênticos ou muito próximos. Nesse nosso caso, predileta significa preferida e preferida significa predileta, ou seja, significam a mesma coisa. Entendeu?

Ela sorriu gostosamente.

— Entendi, vovó!

Daí comecei a pensar: como chamarei minha terceira neta que já está vindo por aí? Ah, já decidi: ela será a minha neta "favorita"! Mas e se for um menino, como vou chamá-lo? Sem dúvida alguma, ele será o meu neto mais "dileto" ou o mais "querido" ou o mais "estimado".

Bem, esgotei meu repertório de sinônimos. Daqui para a frente acho que vou precisar da ajuda dos universitários, do Aurélio ou do Dr. Google.

DEDICATÓRIAS

Precisava escrever um texto e como base busquei na biblioteca da universidade um livro com o tema relacionado. Ao abri-lo na primeira página me deparei com a seguinte dedicatória, escrita com letras bonitas e uniformes: "Minha amada Frans, aqui estou novamente e sempre com a esperança imorredoura de que nosso amor abra um novo capítulo na filosofia, com ou sem Platão. Com amor, Sierra. Verão de 2007."

Ah! Como eu adoro ler as dedicatórias que normalmente são deixadas nas primeiras páginas dos livros, pois são fragmentos da alma de um escritor ou flashes das emoções de alguém que por motivos diversos presenteou outro alguém.

Enquanto o folheava vagarosamente fiquei imaginando como seria essa tal Frans. Afinal, quem seria ela? Uma psicóloga? Uma filósofa? Aluna ou professora? Alguma romancista? Com que paixão ela amou esse homem e com que ardor foi amada por ele? Por que esse livro estava na biblioteca da universidade? Foi esquecido ali por descuido? Não faz muito tempo, sua data é relativamente recente.

E qual seria a profissão de Sierra? Seria ele um professor? Um livre pensador? Um pesquisador? Um trovador? Um galanteador? Por quantos anos ele e Frans se amaram? Muitos? Será que ainda permanecem juntos e apaixonados ou por algum motivo qualquer já se separaram? Será que houve outro verão incrível como esse descrito por ele?

Não sei. Sei apenas que nessa pequena dedicatória há fagulhas de uma grande paixão. Porém uma coisa é certa: com ou sem Platão, indubitavelmente esse casal já escreveu um inesquecível e importante capítulo na história de suas vidas.

O SORRISO DA LUA

Hoje a Lua veio sorridente, cheia de encantamento, como sempre costuma vir. Eu a amo em suas quatro fases. Quando ela se alinha com Vênus e Júpiter forma no céu um lindo sorriso. Estou aqui inebriada, contemplando o sorriso rasgado que ela ostenta em sua fase crescente. Gosto desse sorriso prateado e meio acanhado. Não é um sorriso cheio e resplandecente, é introvertido, meio refreado, e isso me faz recordar o sorriso do meu amor. Gosto quando ela nos mostra esse sorriso tímido e fino que forma no céu uma curva livre e sensual. Um sorriso contido como esse é sempre inesquecível.

Suspiro apaixonadamente!

De todos os modos e a qualquer tempo a Lua me fascina. Todas as noites eu a procuro no céu. Às vezes ela se esconde atrás de nuvens só pelo prazer de me ver olhando para o alto a procurá-la. Por que será que ela insiste em brincar de esconde-esconde comigo? Rio de sua criancice. Enquanto se esconde e se cobre de nuvens eu sonho acordada, mas depois de algum tempo ela reaparece sorridente, ressurge linda e purificada somente para se despedir de mim.

Sorrio deliciosamente!

A Lua e eu temos um pacto de amor eterno. Cada uma cumpre a sua parte, ela lá e eu aqui. E depois do meu habitual e delicioso "banho de lua", jogo-lhe um beijo de boa-noite e fecho calmamente as cortinas do meu quarto.

AS RUAS POR ONDE ANDO

Há pessoas que são cegas de nascença e outras perdem a visão mais tarde, ao longo da vida. Há pessoas que veem, mas não enxergam; há pessoas que enxergam, mas não veem. Gosto de olhares demorados, contemplativos e às vezes até de registrar alguns detalhes do meu cotidiano.

Nesse dia límpido de céu muito azul resolvi retratar a natureza que está despontando, emergindo e aflorando serenamente diante dos meus olhos. Fotografei as minis rosas vermelhas, as cercas-vivas, as margaridas, as orquídeas, as azaleias e os jasmins que enfeitam as ruas por onde ando. São as belezas da estação das flores que vejo em meu paraíso particular.

A primavera chegou tranquila, veio com sua elegância costumeira, sua temperatura amena e sua beleza serena. É o tempo das paisagens mais bonitas, ocasião para encantamento e florescimento. A primavera chegou repleta de gentilezas para renovar, alegrar e embelezar nossos dias. Chegou enfeitada de tons vibrantes para encantar o coração da gente.

Abeirou-se agora o tempo da natureza verdejante, do lindo período dos campos floridos, dos jardins multicoloridos e dos encantadores dias azuis. É você de novo primavera! Que bom! Estava justamente à sua espera, ansiosa para rever a beleza de sua floração. É um momento propício para desabrochar, reconstruir e revigorar nossas forças.

É tempo de bonança, de renascimento, de poesia.

MINHA SÃO PAULO

Tua imponência extasia-me.

Tua concretude sustenta-me.

Tua beleza intriga-me.

Teus mistérios fascinam-me.

Teu anonimato liberta-me.

Tua altivez arrebata-me.

Teu atropelar de passos largos contagia-me.

Tua grandeza guia-me.

Tua cultura inebria-me.

Teus arranha-céus amparam-me.

Tuas oportunidades acolhem-me.

Viva teu porte gigantesco.

Tua imbatível gastronomia.

Tua extensa agenda cultural.

Teu poder de atração.

Tua disfarçada sedução.

Tua importância mundial.

Tua grande influência em mim.

Em ti, minha São Paulo querida, sinto-me em casa, sempre acolhida, abraçada, protegida e aconchegada. Você é a mola propulsora e o coração pulsante deste Brasil varonil. Você faz meu coração agitar-se, exultar-se e regozijar-se de alegria.

Ah, como eu amo você!

MINHA JUMA MARRUÁ

E chegou o dia do "até breve". Sempre soube que esse lugar tornar-se-ia pequeno para ela e que mais cedo ou mais tarde partiria. Na realidade, minha ficha tinha caído muitos anos antes, quando ela era ainda uma adolescente. Desde a mais tenra idade suas atitudes já denotavam garra, retidão, devoção, determinação e eficiência incontestáveis.

Com o passar dos anos eu a vi se desdobrar para ser uma filha obediente e prestativa, irmã altruísta e amorosa, estudante esforçada e de ação, excelente profissional, carinhosa supermãe, apaixonada esposa, dedicada amiga e ao mesmo tempo o meu "braço direito". Ela sempre foi forte e corajosa, a minha amada "Juma Marruá". É assim que carinhosamente eu a chamo desde o início dos anos 90. Seu altruísmo e amor são certeiros e constantes.

Agora ela vai alçar um grande voo e pelos próximos anos trabalhará na "cidade que nunca dorme". Vai para longe de mim, a convite da chefia, por puro reconhecimento de sua competência. Não estou triste. Pelo contrário, hoje meu sentimento maior é de orgulho. Não importa o onde ela esteja, importa apenas o como. Sei que estaremos sempre atentas, conectadas e diminuindo nossa distância por meio de mensagens, fotografias, vídeos e ligações telefônicas. Mas mais do que isso: não haverá distância, pois eu a carrego dentro do coração e ela sabe disso.

Minha amada menina "Juma Marruá", sei que em seu íntimo brigam agora a alegria do reconhecimento profissional e a forçada distância física dos familiares. São os ossos do ofício. Não chore mais. Este é o seu momento. Permaneça segura, esteja tranquila, fique em paz e seja feliz. Estaremos sempre juntas, como sempre estivemos, em amor; ele é indestrutível e independente de momento ou lugar. Lutarei incansavelmente para ter a mesma serenidade e certeza do arqueiro que lança suas flechas ao longe, rumo ao infinito, como escreveu lindamente Khalil Gibran[23] em seu belo poema *Vossos filhos*.

Então siga em frente. Viva feliz!

---

[23] GIBRAN, Khalil. *O profeta*. 3. ed. São Paulo: Martin Claret, 2021.

PENA VERDE NO CHAPÉU

Há muitos anos a TV Tupi de SP exibiu a telenovela *Beto Rockfeller*, que se tornou um sucesso estrondoso no final dos anos 60. Uma das personagens principais da trama era a doce e bela Renata, vivida pela atriz Beth Mendes. Que moça bonita era a Renata! E foi por causa dela que tudo começou. Vou lhe contar.

Na minha cidade tinha um moço bonito e muito extrovertido conhecido pelo apelido de "Peninha". Eu e minhas irmãs mais velhas já o conhecíamos de vista, mas nunca soubemos seu verdadeiro nome. O fato é que no início dos anos 70, em pleno domingo de Carnaval, nós o encontramos casualmente nas piscinas do Country Clube da cidade, e à tardinha, quando já íamos embora, Peninha nos pediu uma carona na Kombi para ir até o centro da cidade. Em meio a tanta balbúrdia juvenil ele acabou se sentando ao meu lado e logo perguntou meu nome. Dei uma olhadinha marota para minhas irmãs pedindo-lhes cumplicidade e sem pestanejar lhe respondi:

— Eu me chamo Renata.

— Renata?! – exclamou surpreso. — Que lindo nome você tem!

Senti que meu rosto ficou rubro, mas a conversa fluiu naturalmente, até que minha irmã cochichou em meu ouvido: "Desminta logo". Foi, então, que na minha inocência juvenil tentei desfazer o malfeito, mas a emenda ficou bem pior do que o soneto.

— Meu nome é Renata, mas detesto esse nome. Gosto que me chamem de Eliana. Você também pode me chamar de Eliana, está bem?

— O quê? Chamar você de Eliana? Ah, não, de jeito nenhum. Prefiro Renata mesmo, é muito mais bonito.

Todos riram. Alguns gargalharam. Meu Deus, que vergonha! A partir desse instante, emudeci. Mas ao descer da kombi no centro da cidade e agradecer a carona, ele se virou para mim e exclamou sorrindo:

— Ah! Não se preocupe com essa questão de nome. Eu te entendo perfeitamente. Também detesto meu nome, por isso sou o Peninha. Só quis brincar com você, pois sempre soube que seu nome verdadeiro é Eliana. Sou vizinho da Sra. Wilma do Cartório de Registro Civil. Foi ela que me deu sua ficha completa. Você trabalhou com ela, não trabalhou? Ah! O nome Eliana combina muito mais com você e com essa covinha que forma em seu rosto quando você sorri. Sorria sempre, viu?

Fiquei olhando para ele perplexa. E ele se foi sem olhar para trás. Ah, meu Deus! O feitiço havia virado contra o feiticeiro. E no restante das horas daquele domingo quente e ensolarado cantei muitas vezes o grande sucesso musical de Abílio Manoel: "Pus um cravo na lapela sou escravo, eu sou dos olhos dela, pena verde no chapéu me deu sorte, ela caiu do céu[...]".[24]

---

[24] MANOEL, Abílio. *Pena verde*. Intérprete: Abílio Manoel. 1970.

DESMEDIDO AMOR

Se o amor é muito nos agarramos a ele, vivemos dele, nele e por ele.

Se o amor é muito flutuamos nos passos, em absoluto êxtase, sem nos importarmos se faz chuva ou sol, exultantes por dentro, como se esse sublime sentimento não fosse nunca mais embora do coração da gente.

Se o amor é muito vivemos em verdadeiro estado de graça, de alegria, de poesia, de euforia, de sensações inebriantes, de coração tranquilo, sorridente, arrebatadamente.

Se o amor é muito é devastador. Equivale-se ao cego apaixonado que vive sem a dimensão exata de realidade. Não consigo relacionar o amor superlativo com mais nada.

Se o amor for desmedido é assim mesmo, na ânsia de explicá-lo nos perdemos.

Ah, o amor!

OS OPOSTOS SE ATRAEM

Os contrários sempre se atraem, embora tenham polaridades diferentes parecem necessitar de complementação. Os adversos impulsionam-se e se complementam, inteiram-se, pois, entre esses dois polos desiguais há um grande magnetismo. Os antagônicos sempre se embocam, sempre se acertam e formam o todo. São encaixes perfeitos.

Assim sendo, sigamos divergentes, discordantes e desarmônicos, buscando nas diferentes aberrações o saboroso tempero da vida, uma vez que essas tão discrepantes contradições serão sempre uma epopeia à completude, uma ode ao amor equilibrado e à poética sustentável inteireza do ser.

S E...

S e E são apenas duas letras do nosso alfabeto, uma consoante e a outra vogal. Escritas dessa maneira são letras simples, quase sem sentido, meio vazias até. Se separadas, não nos dizem quase nada. No entanto, ao serem colocadas juntas, lado a lado, tomam um significado deveras potente. Ao juntá-las forma-se o "se", que desempenha diversas funções na língua portuguesa: pronome apassivador, conjunção, palavra integrante, índice de indeterminação do sujeito, partícula realce etc.

O "se" é uma palavra forte que mexe com a cabeça da gente. E tem o poder de nos assombrar pela vida afora, porque eternamente pensaremos assim:

E se eu tivesse perdido aquele voo?

E se ele tivesse ido almoçar em outro restaurante?

E se eu não fosse uma mulher atenta e detalhista?

E se ele não fosse um caçador de corações?

E se eu não tivesse atendido aquela chamada telefônica?

E se ele não me procurasse de novo?

E se eu tivesse dito não?

E se ele...?

E se eu...?

E se...?

Se...?

Sempre o se. Eternamente, se!

A MENINA DOS MEUS OLHOS

Se ela fosse uma cidade, seria Paris.

Se ela fosse um perfume, seria "La Petit Robe Noire".

Se ela fosse uma árvore frondosa, seria o Flamboyant.

Se ela fosse uma loja de produtos de beleza, seria a Sephora.

Se ela fosse um pão delicioso, seria o mineiro Pão de Queijo.

Se ela fosse uma música, seria *La Vie En Rose*.

Se ela fosse um filme, seria *The Notebook*.

Se ela fosse uma fruta, seria Tâmara.

Se ela fosse uma universidade, seria a USP.

Se ela fosse um livro, seria *Mulheres Que Correm Com Os Lobos*.

Se ela fosse um prato saboroso, seria o Strogonoff.

Se ela fosse um dos dez mandamentos divinos, seria o 4º.

Se ela fosse um sentimento abstrato, seria a alegria.

Se ela fosse um nome, seria Leticia.

REDES SOCIAIS

As redes sociais conectam usuários em todo o mundo por meio de perfis pessoais e profissionais. Nelas há pessoas de todos os tipos.

Há aquelas que se acham importantes demais para qualquer tipo de interação, mas estão sempre on-line a nos espreitar.

Há pessoas encantadoras e vibrantes, que travam conosco debates construtivos, outras que se limitam a fazer um sinalzinho de positivo.

Há pessoas sábias que pouco teclam, mas quando o fazem em poucas palavras nos dizem muito.

Alguns se escondem atrás de máscaras; outros as tiram e escancaram seus rostos, deixando tudo à mostra, descortinando para nós até suas almas.

Há pessoas que por motivos diversos não podem se manifestar abertamente, mas o fazem nas entrelinhas ou por lindas mensagens *inbox*.

Há pessoas que nos acrescentam muito, outras que nos tiram quase tudo.

Há pessoas que leem tudo, mas não comentam absolutamente nada.

Há pessoas que escrevem para nós, mas não leem nada do que escrevemos para elas.

Há pessoas que não interagem com nenhum amigo de sua extensa lista, mas os observa à distância, praticando a obstinada observação contumaz.

Há pessoas que por meio das figurinhas disponíveis (*emojis*) apreciam nossos posts, emocionam-se, batem palminhas, pensam, assustam, sorriem e amam.

Alguns fazem comentários inteligentes utilizando metáforas; outros deixam tudo às claras, jorrando sentimentos claros até pelo ladrão.

Há pessoas que querem dividir conosco suas emoções e captarem as nossas.

Umas escrevem muito e nada dizem; outras apenas nos espreitam e nada escrevem.

Umas comentam nossas postagens por pura admiração, muitos o fazem por mera obrigação.

Alguns entristecem o coração da gente; outros nos fazem sorrir docemente.

Quando postamos algo, alguns amigos fazem imediatamente um sinal de fumaça; outros somem nas tramas das redes, reaparecendo dias depois, julgando-se a salvos.

São muitos os pseudoamigos completamente invisíveis nas redes sociais. Com esses o cuidado deve ser redobrado. Eles são sempre os mais críticos, os mais invejosos, os mais solitários e os mais ardilosos.

Assim é o dia a dia on-line. Nas redes descobrimos muitas informações, afinidades e belezas. Nelas tudo pode acontecer, desde as surpresas mais incríveis até as maiores decepções. Desde o mais improvável reencontro até o mais triste adeus. Desde as maiores incógnitas até as mais cristalinas declarações. Desde as mais ternas suposições até as mais amargas constatações. Desde os clamores das antigas amizades até a ansiedade dos magníficos e novos amores.

O HOMEM DE TANGA

Dizem que quase sempre quem conta ou escreve a história são os vencedores. Não sei se é verdade. O recomendável é refletirmos sobre quem, como e em que ótica isso é feito. É importante descobrirmos quem são na realidade os historiadores, os cineastas ou os romancistas. Quem são eles de fato, os vencedores ou os perdedores? E será que realmente foram imparciais ao registrarem os grandes feitos de seus ídolos ou de seus algozes? Será que refletem a verdade nua e crua em suas narrativas? São pontos de atenção e reflexão.

Por acreditar que o homem fosse naturalmente compassivo, o grande líder pacifista indiano Mahatma Gandhi (1869-1948) pregava a não violência. Era um homem simples e franzino, que enfrentou o domínio britânico sobre a Índia com inteligência, resistência, serenidade e o conceito da não violência. Gandhi ajudou a conquistar a independência de seu país, levando-o à liberdade, fazendo com que a humildade e a verdade fossem mais poderosas do que impérios. Viveu modestamente, com serenidade. E morreu como sempre viveu, sem empáfia, sem riquezas e sem títulos.

Sem dúvida, Mahatma Gandhi foi um homem extraordinário, que se tornou um gigante. Ou teria sido ele apenas uma farsa, uma construção enriquecida, maquiada e romanceada? Sinceramente, não sei. Mas seja lá como for, eu o admiro profundamente. Vale a pena conhecer a biografia desse pequeno grande homem e tirar suas próprias conclusões.

O CATIVEIRO

Afortunado é aquele que tem força e coragem para jamais renunciar à liberdade por conhecer a fundo o imensurável valor desse supremo bem.

Venturoso é aquele que faz escolhas orientadas por sua própria vontade, construindo livremente sua existência.

Felizardo é aquele que não abdica da autonomia, que não depende de ninguém para decidir seus próximos passos e que pode viver unicamente ao seu modo.

Bem-aventurado é aquele que tem arraigado em si a liberdade de ir e vir, de pensar, opinar, professar sua fé e ainda gritar bem alto o amor que sente, seja como for, seja ele por quem for.

Repudio veementemente aquele infeliz acomodado que vive engaiolado e cheio de certezas, mas completamente trancafiado dentro de covis apertados, porque o medo de se arriscar e ir mais longe o faz preferir a incômoda estreiteza do cativeiro.

Jamais renuncie à leveza da liberdade por medo de voar alto em céu aberto. Não seja frouxo, não se acovarde dessa maneira. Agindo assim você nunca conhecerá a imensurável beleza do céu azul sem nuvens, nem o deslumbre delirante de poder viver e contemplar extasiado tudo lá das alturas.

O LIVRO QUE AINDA NÃO ESCREVI

Ontem à noite fiquei contemplando as nuvens do céu. Algumas formavam figuras conhecidas e outras, figuras muito estranhas. Fiquei divagando, tentando adivinhar o que eram e o que estavam querendo me dizer, enquanto mentalmente retrocedia no tempo.

Mais tarde, de olhos fechados, com o pensamento escrevi um livro inteirinho. Eu o apaguei muitas vezes e o reescrevi outras tantas, de diversas formas, com outro olhar e de diferentes ângulos. Fui escrevendo algumas cenas singulares, contando para mim mesma os detalhes de uma bonita história de amor com final feliz. Pensando em um relacionamento suave, harmonioso, apaixonado e longevo, escrevi o último capítulo desse livro imaginário mais ou menos assim:

"Depois que o conheci minha alma sossegou e vive agora em completa harmonia, cessando de vez sua longa busca. Depois dele meu coração já não necessita de outras emoções. Está pleno. Estamos juntos há muitas décadas. Com seu cuidadoso e inenarrável amor ele me devolveu a alegria de viver. Desde que chegou em meu mundo sou bem mais feliz e vivo em paz. Com ele ao meu lado tudo se encaixa, tudo é possível e mais fácil, tudo se explica, justifica-se e renasce.

Ele me ama e eu o amo também. É um amor bonito, raro, sem limites e sem ponto final. Ainda sinto calafrios quando ele me toca e ainda posso ver muitas estrelas em seu olhar, principalmente quando estamos deitados juntinhos, abraçados, recordando nossas andanças de muitos anos atrás pelas ruas geladas de Paris ou de Nova York durante um rigoroso e longínquo inverno.

Estamos vivendo a última parte de nosso tempo aqui neste plano, sabemos disso, mas continuamos aprendendo um com o outro e com a vida, cuidando dos nossos pensamentos e das palavras que dizemos, sempre criando laços apertados, conversando sobre livros, filmes, novas teorias, atentos às cores, cautelosos nas formas, nos significados de tudo que nos rodeia, abertos às novas descobertas e possibilidades. Ao ambíguo, ao duvidoso e ao descuido amoroso, nós renunciamos veementemente. Só não renunciamos a nós mesmos. Isso não.

Estamos sempre juntos, de mãos dadas, planejando nossa próxima viagem, à espera do sono que às vezes demora um pouco a chegar. Enquanto isso, sobre o criado-mudo ao lado de nossa cama, um relógio de areia marca o tempo que rapidamente se esvai. Fim."

ANIVERSARIAR

Ainda que o tempo seja algo ilusório que apenas cria no ser humano a ideia de presente, passado e futuro, aniversariar é uma linda invenção humana com a finalidade de nos fazer felizes anualmente.

Olho para o porta-retrato à minha frente e demoro meu olhar na foto em preto e branco. Lembro-me com imensa saudade dessa jovem que fui e que me sorria diariamente pelo espelho. Depois desvio o olhar para a foto colorida de agora. Embora não tenha percebido a passagem do tempo entre uma fotografia e outra, lá se foram quase cinquenta anos de história. Agora me dou conta de que uma grande mutação se processou em mim.

Mas hoje é dia de agradecimento: primeiramente minha gratidão a Deus pelo dom da vida e à minha mãe por ter me dado à luz.

Regozijo-me com pessoas e situações improváveis que tive o privilégio de encontrar, conviver e me extasiar. Foram muitas, foram lindas, foram caras, foram raras.

Sinto-me afortunada pelos amigos que tenho, pois são fontes inesgotáveis de alegria e meus vigorosos sustentáculos.

Minha família faz parte da engrenagem essencial do meu viver, é dela que vem meu equilíbrio e a energia vital da minha alma. Amo cada um. Para mim são tudo.

Neste dia em que comemoro mais um aniversário, quero convidá-lo a fazer um brinde comigo. Aceita?

Brindemos o amor que alegra e dignifica a existência.

Brindemos o imprevisível, o fortuito e as inteligentes formas de lidar com as contingências da vida quando elas se apresentam.

Brindemos as amizades que ao longo da vida soubemos encontrar e preservar.

Brindemos a vida! Especialmente hoje, brindemos a minha vida.

Então tim-tim!

OS CINCO SENTIDOS NO AMOR

Os cinco sentidos nos proporcionam somente uma experiência parcial da realidade. Embora a audição capture apenas uma determinada faixa de frequências, no amor romântico, que é também caracterizado pela paixão e pelo desejo, associado ao prazer, à atração física e ao sexo, é a *audição* que nos faz deleitar com o sussurro das palavras eróticas que são proferidas em nossos ouvidos.

O *paladar* distingue o gosto dos beijos molhados, dos sabores, das texturas e das temperaturas.

O *olfato* carimba na memória a maravilha do cheiro bom do amor.

A *visão* muitas vezes nos faz enxergar aquilo que as coisas não são, mas é também o sentido que se extasia e admira o ser amado.

O *tato* é o sentido que se apossa, que se confisca e que se possui.

Esses cinco sentidos são extraordinários e essenciais para aperfeiçoarmos ainda mais a esplendorosa magia do amor. Eles são hábeis, eles se completam e se bastam. Com eles tudo é sentido. Com eles tudo faz sentido.

ENCANTAMENTO PELA VIDA

Hoje reencontrei um amigo que não via há tempos. Foi emocionante revê-lo depois de quase trinta anos. Encontramo-nos casualmente em um Shopping Center. Ele afirmou que seria capaz de me reconhecer em qualquer lugar deste mundo em que eu estivesse, pois eu não havia mudado em quase nada. Concordei silenciosamente com ele, conjecturando comigo mesma que se esse "não mudar" significava que continuo vivendo apaixonadamente e que ainda carrego um amor imenso do lado esquerdo do peito; aí, sim!

Brincadeiras à parte, o fato é que fiquei feliz por saber que meu rosto ficou guardado na memória desse amigo quase da mesma maneira de anos atrás. Mais feliz fiquei quando me disse que as melhores lembranças que ele guardava de mim eram minha alegria e meu otimismo, a grande euforia e o verdadeiro fascínio que sempre nutri pela vida. Isso nem mesmo o tempo foi capaz de apagar da memória dele. Ainda bem.

Tenho consciência de que muitos anos já se passaram e que envelheci fisicamente, mas isso aconteceu sem que eu realmente percebesse.

Meu amigo gostou de saber que apesar de tudo não perdi meu genuíno encantamento pela vida, que ainda continuo sorrindo e dando muitas cambalhotas no ar com meus sonhos, abstrações, brincadeiras e reminiscências! Eu também.

JESUS DE NAZARÉ

Hoje, em quase todas as partes do mundo, os sinos repicam para nos lembrar que estamos vivos e que devemos repartir o pão nosso de cada dia sem demora.

Hoje, os sinos repicam porque estamos no advento, um momento exclusivo de graças, de reconciliação e de grande júbilo pela chegada do menino Deus.

Hoje, os sinos repicam nos convidando para nos curvarmos ante a manjedoura, para chamar nossa atenção para o amparo, para a aceitação e para o incondicional e grandioso amor de José, o bondoso e fiel esposo de Maria.

Hoje, os sinos repicam para nos mostrar o exemplo de humildade, de fortaleza e de serenidade de Maria, a mulher do silêncio, da doação, da entrega, da simplicidade, e bendita entre todas as mulheres.

Que hoje repiquem alegremente todos os sinos. É Natal, tempo de sorrisos, de união, de amor, de paz, tempo dessa imensidão de coisas boas e mágicas. Esperemos com alegria e fé a Santa Noite porque hoje todos os sinos repicam por Ele, Jesus de Nazaré!

PELA RETINA DOS MEUS OLHOS

As fotografias de papel são lembranças palpáveis e perfeitas de instantes singulares que vivenciamos, mas elas só têm sentido se tivermos uma foto equivalente no álbum de nossa alma. São elas que nos ajudam a atravessar a morosidade do tempo nos momentos de inaguentável saudade.

Porém mais perfeitas e eficientes que as fotos tiradas em máquina convencional são aquelas capturadas pelas miraculosas máquinas fotográficas que moram em nossa retina. E olha que sou perita nessa arte de fotografar através delas. São as sutilezas e as táticas de quem ama.

As fotografias feitas pelas lentes da minha retina me auxiliam e magicamente me acodem. Por meio dos inúmeros registros que fiz pude conhecer os pormenores do rosto dele, o seu modo de mover os olhos, a mania de umedecer os lábios seguidamente, de arquear as sobrancelhas quando contesta ou enfatiza sua opinião, as bonitas expressões do sorriso, e os guardei comigo, assim como se guarda um raro tesouro.

Hoje revejo principalmente os registros fotográficos coloridos de seus momentos de plenitude. E foram muitos. Sorrio, satisfeita. São abstrações constantes, são muitas. Pelas lentes apaixonadas de minha retina ele já está eternizado em minha memória. É surpreendente essa mágica, um verdadeiro milagre.

Meus olhos guardam tesouros fotográficos de valores incalculáveis. De olhos fechados digo agora para mim mesma: "Poxa vida, como sou afortunada!".

SILÊNCIO MATINAL

Um dos maiores defeitos que ela tem é não gostar de falar absolutamente nada quando acorda. No máximo – e assim mesmo com muito esforço –, consegue esboçar um pequeno sorriso. Somente um meio sorriso, literalmente. Ela necessita de uma xícara de café fumegando e pelo menos uns quarenta minutos para que seu cérebro comece a funcionar adequadamente. Assim, aos poucos, ela vai voltando devagarinho à vida.

Durante esse tempo silencioso ela não consegue assimilar quase nada do que lhe dizem nem reter informações relevantes. Quando os filhos eram adolescentes, muitas vezes se aproveitavam dessa sua vulnerabilidade matinal para lhe pedir coisas supostamente proibidas logo de manhãzinha, assim que ela abria os olhos. Era um "golpe baixo" que usavam contra a coitada. Eles bem sabiam disso, no entanto o faziam.

Para não ter que argumentar com eles, a infeliz "morta viva" apenas meneava a cabeça num gesto afirmativo. Ah, quantas coisas quase impossíveis os filhos conseguiram dela ao amanhecer!

Hoje, depois de tantos anos, ela ainda ambiciona ser como alguém que acorda feliz e sorridente, dizendo efusivamente: "Bom dia!", embora essa maneira esquisita de ser soe para ela como loucura ou marteladas. Mas pelo menos escrever no silêncio das primeiras horas da manhã ela consegue. Pelo menos isso.

Conhece mais alguém assim?

PABLO NERUDA

Pablo Neruda escreveu: "Algum dia, em qualquer parte, em qualquer lugar, indefectivelmente te encontrarás a ti mesmo, e essa, só essa, pode ser a mais feliz ou a mais amarga de tuas horas".[25]

E eu lhe digo: a fuga não é um bom recurso e jamais será a mais perfeita solução. Ela não é a melhor saída. Nunca será. Fugir é apenas um jeito estapafúrdio de adiar momentaneamente a abertura escancarada da porta de sua futura prisão. A fuga será seu permanente cárcere.

Exalto quem consegue fazer sua vida mais feliz, doce e prazerosa. Reverencio a quem já encontrou a si próprio e ficou absolutamente satisfeito com o que viu.

E meus mais cordiais e efusivos aplausos a quem não se tornou prisioneiro daquilo que abdicou tempos atrás e que hoje, sem nenhum medo de se enganar, pode inflar o peito, sorrir satisfeito e dizer orgulhosamente para si mesmo: "Fiz a escolha certa!".

---

[25] Pablo Neruda (1904-1973) foi político, senador, escritor, grande poeta e diplomata chileno, ganhador do Prêmio Nobel de Literatura em 1971.

A LÁGRIMA É SALGADA

Ele não deu sinal de vida

Esteve fora do ar o dia inteiro

Deixou de atender meu pedido

Era um pedido de socorro

Estava morrendo de saudade

Eu o esperei ansiosamente

Ele não veio

Minha alma ficou em desalinho

Aguardei o telefone tocar

Não tocou

Afirmava que sempre estaria de prontidão

Não estava

Doeu demais

Foi um festival de desencontros

Uma dança de horários e lugares

Eu o procurava e não o via

Ele me via e não me procurava

Que grande frustração

Dizem que tempo é questão de preferência

Acho mesmo que é

O Sol ainda dorme

O hoje é negro
O passado rosa
O futuro cinza
A noite gelada
A lágrima salgada
Tudo em mim chora.

SOFRER OU ADOECER

Sigmund Freud[26] afirma: "Se você ama, sofre. Se não ama, adoece."

O que você prefere, meu amigo? Ser atormentado pelo sofrer de amor ou padecer pela grave doença do não amar? É seu livre-arbítrio em ação. A escolha é sua.

Não permita que as loucuras do dia a dia o deixem completamente cego para a melhor coisa de nossa existência: o amor. O amor é tudo, ele cura!

---

[26] Sigmund Freud (1856-1939), médico neurologista e importante psicanalista austríaco, é o criador da psicanálise e a personalidade mais influente da história no campo da Psicologia.

OS SENTIDOS SÃO LIMITADOS

Você é do tipo que acha que as árvores do lado de lá dão muito mais sombra que as do lado de cá? Acha que a grama do jardim do seu vizinho é muito mais verde que a do seu jardim?

Ledo engano. Santa ingenuidade. Não é bem assim. O grande filósofo francês René Descartes[27] afirmou categoricamente que nossos sentidos são limitados, que eles não são fontes seguras e podem perfeitamente nos enganar. Diz que os sentidos são feitos de ilusões aparentes e não da realidade em si. Sabia disso?

Portanto, cuidado com a sua cegueira. Não seja negligente. Cuide bem da grama de seu jardim. Não envelheça procurando sombra e grama verdinha em jardins alheios, elas não moram lá. Arregale os olhos e aguce bem os sentidos, porque depois que se perde o Paraíso, o que são os dias de penúria, martírio e tormento senão um rio revolto correndo impaciente para a sua nascente, à procura desenfreada daquilo que se perdeu?

---

[27] René Descartes (1596-1650) foi um filósofo, físico e matemático francês.

A GRITARIA DA REALIDADE

E o que fazer quando despertamos de um belo sonho com a estridente voz da realidade a nos dizer bem alto: "Bom dia, querida! Já é hora de acordar!".

Lembrei-me agora do filme *Bom dia, Vietnã!*[28] Você o assistiu? Conta a história de um radialista que foi enviado ao sul do Vietnã em 1965 para trabalhar na rádio do Exército norte-americano, em Saigon.

Com extrema irreverência, o bem-humorado radialista, personagem vivido pelo ator Robin Williams, era adorado pelos ouvintes porque enquanto os soldados se preparavam para a guerra, ele os distraía com as imitações de várias vozes e outras engraçadas e espirituosas improvisações. Apesar da forte censura, ele transmitia com perspicácia e muito talento as notícias que eram permitidas naquele contexto de guerra.

Um dos pontos altos do filme é a linda voz de Louis Armstrong cantando *What a wonderful world*,[29] enquanto em câmera lenta seguem as imagens dos soldados vietnamitas e as atrocidades de uma guerra que estava começando. Um contrassenso entre as tristes imagens do combate e o mundo maravilhoso da canção.

E aqui e agora, a estridente voz da realidade insiste em gritar comigo de novo: "É hora de acordar, querida!".

Que desatino, meu Deus! A gritaria da realidade às vezes me desespera e assombra. Mas para você eu digo carinhosamente, bem baixinho, apenas sussurrando em seu ouvido: "Bom dia, meu amor! Amanheceu. Está na hora de despertar dos sonhos. Mas faça isso devagarinho, sem afobação, no seu tempo. E tenha um maravilhoso dia!".

---

[28] GOOD morning, Vietnam. Direção de Barry Levinson e Roteiro de Mitch Markowitz. 1987.
[29] WEISS, George David; THIELE, Bob Jr. *What a wonderful world*. Intérprete Louis Armstrong. 1967.

O CÉU DE MINAS GERAIS

Foram incontáveis os momentos de encantamento vividos ou sonhados sob o céu estrelado da minha pequenina cidade natal, ao sul de Minas Gerais. Ah, que deslumbramento era aquele que meus olhos de menina viam no firmamento! Até hoje aquele magnífico céu crivado de estrelas luzidias não me sai da memória.

Mesmo morando há décadas na cidade grande, jamais consegui me esquecer da constelação do Cruzeiro do Sul, dos meteoros, dos planetas, das galáxias e das estrelas de todos os tamanhos que pareciam morar bem em cima da minha casa, lá onde eu podia contemplá-los a olho nu, com absoluta nitidez, sem a ajuda de telescópios. Nunca me esqueci do fulgor da Lua cheia e das estrelas cadentes que magicamente despencavam do céu enquanto eu lhes fazia um pedido secreto.

Resido há muitos anos em uma grande metrópole. Por aqui, ruas e casas já estão completamente iluminadas, mas as luzes que vejo agora não se comparam ao brilho do céu de minha infância. Sentada confortavelmente na sacada do meu quarto, assisto de olhos fechados o lindo filme que neste momento passa por minha cabeça, ao mesmo tempo em que tento me agarrar aos belos sonhos que sonhei debaixo daquele incomparável céu que me abismava e me fascinava, e que ainda hoje me deslumbra e extasia.

Sonhar, sonhar e sonhar. Só isso. Nada mais.

AU REVOIR

Sabíamos de antemão que nossos dias juntas seriam poucos e intensos, mas muito preciosos. E realmente foram singulares e inesquecíveis. É claro que marcamos nosso valioso tempo juntas com inúmeras fotografias, cafés, jantares, decisões importantes, devaneios mirabolantes, realidades desconcertantes, passeios, planos, confidências, gargalhadas e sonhos. Muitos sonhos.

Há anos que se tornou raridade estarmos juntas por uma semana inteira. Tudo foi devidamente registrado por nós, principalmente com aquelas belas fotografias tiradas pela memória. Enquanto juntas estivemos nós nos libertamos do relógio, mesmo assim o tempo não se fez de rogado, voou de tal forma que logo nos trouxe *la fin*.[30]

Sobreviveremos a mais essa separação física por sabermos que depois do adeus vem sempre a gostosa expectativa para o próximo encontro. Somos unidas, juntas ou separadas, tipo três em um. Para nós, o fim de uma linda semana juntas significa apenas um "até breve".

Despedidas são sempre muito tristes, mas estamos aprendendo a conviver com elas, cada qual à sua maneira. Chegou a hora de voltarmos para casa, cada uma seguirá para uma direção diferente. Em breve estaremos juntas de novo e será uma grande festa para o coração. O tempo passará depressa. Vamos em frente, meninas.

Au revoir![31]

---

[30] "O fim", do francês – Tradução livre.
[31] "Adeus", do francês – Tradução livre.

FECHADO PARA BALANÇO

Durante minhas tragédias internas é comum afastar-me mentalmente de tudo e de todos. Não gosto de companhia quando sofro, prefiro ficar só com a minha dor. Já vivi grandes dramas no mais absoluto e eloquente silêncio. Nos maiores infortúnios da vida sempre me recolho e tento acalmar minha mente. Às vezes há tanto espanto em meu espírito que nem orar eu consigo.

Nos revezes da vida parece-me que imediatamente as cortinas do meu coração se fecham e todas as luzes são apagadas. É um verdadeiro e necessário "fechado para balanço". Tudo em mim torna-se apenas introspecção e silêncio. Mas depois de alguns minutos, horas ou dias, assim como numa demonstração contabilística minuciosa, apresento ao meu coração um claro, límpido e exato demonstrativo do resultado. Com calma. Com elegância. Sem discussão. Sem agredir ninguém. Serenamente.

Tenho uma premente necessidade de primeiro assimilar o fato que me é apresentado, compreender sua totalidade e, sobretudo, as verdadeiras intenções de quem o praticou. Apenas isso já basta para que eu alcance o equilíbrio e prossiga meu viver.

Ah! Mas tem um detalhe importante: durante meus dramas internos, se alguém se aproxima de mim o sorriso não desaparece do meu rosto, ele permanece. Meu sorriso é sincero, sempre amigável e jamais negado. Todo o resto em mim é introspecção e silêncio. Estes, sim, são efêmeros e brevemente provisórios.

DE VOLTA PARA O ACONCHEGO

O mar está calmo.

O vinho na temperatura ideal.

Um barco regressa mansamente.

Ele voltou para casa.

Os sinos repicam ao longe.

Borboletas azuis voam em zigue-zague.

A lua nasceu majestosa.

Não falta nada.

Tudo agora se completou.

ESPAÇO GIRATÓRIO

A vida é feita de esperanças e afetos. Feita de opções, escolhas e abdicações. Para cada alternativa selecionada renunciamos a todas as demais. Temos o livre-arbítrio para conquistarmos o que quisermos nesta vida, mas tudo ao mesmo tempo, não! Conscientizarmo-nos de que escolhas sempre implicam em renúncias já é meio caminho andado para não haver demasiada frustração, pois cada abdicação carrega em si mesma suas próprias desistências e mazelas.

A vida é comparável a uma grande roda-gigante, que às vezes nos amedronta e até nos causa um pouco de vertigem, mas também é composta de momentos incríveis, surpresas deliciosas e encontros dignificantes.

Que a grande roda-gigante da vida seja sempre panorâmica, que suas rodas paralelas girem calmamente em torno do mesmo eixo e que nos sustentem com firmeza em seus bancos acolchoados, pois somos nós os grandes protagonistas desse lindo e oscilante espaço giratório chamado vida.

Que sejamos confiantes e giremos resolutos nessa gigante roda e que tenhamos entusiasmo e coragem suficientes para fazermos de nossas existências um grandioso e verdadeiro parque de diversões!

NADA É PARA SEMPRE

Observando mais demoradamente a natureza constato que nada é permanente, nem no nível concreto dos nossos sentidos, nem nas dimensões menores que nos circundam. Acabar-se, extinguir-se, findar-se e sucumbir-se? Creio que não. Tudo é renovado, criado e recriado muitas e muitas vezes.

Desde a explosão inicial, os fenômenos que identificamos no Universo são marcados por essa ideia insistente de renovação. Segundo o filósofo Heráclito, o mundo é um eterno fluir, assim como um rio: "É impossível banhar-se duas vezes na mesma água, porque ao entrarmos nesse rio pela segunda vez não serão mais as mesmas águas e nós também já não seremos os mesmos".[32]

Mas mesmo dentro desse ciclo que se repete indefinidamente sentimos a necessidade de sermos felizes e reinventarmo-nos de tempos em tempos, fugindo da prisão do sempre, que fatalmente nos angustia e esmaga, que nos oferece apenas a opção de nos adaptarmos ou perecermos.

É um mundo de mutação, que se encontra em movimento perpétuo. A felicidade não é sucessiva, é intermitente. Se vivemos num fluxo contínuo de constantes mudanças, esse sentimento bom que chamamos de felicidade também não pode ser ininterrupto, sucessivo e inesgotável. O que existe neste mundo são apenas momentos fugazes de felicidade, que nos são oferecidos pelas ocasiões, pelas circunstâncias e até mesmo pelos simples acasos.

Todas as coisas estão submetidas à ação implacável do tempo, nada permanece intacto, tudo está em constante movimento: o que estava no alto cai e o que estava embaixo ascende. Coisas quentes esfriam, coisas frias

---

[32] Heráclito de Éfeso, filósofo pré-socrático, considerado o Pai da Dialética (500 a.C. - 450 a.C.).

esquentam. São as alternâncias entre os contrários. É dessa maneira que também funciona a roda-gigante da existência.

Que possamos ter tranquilidade e sabedoria para não nos desequilibrarmos e perdermo-nos durante essas constantes flutuações. E que não nos deixemos iludir pela aparente estabilidade das coisas, pois o natural da vida é a impermanência, sua natureza é a sua temporalidade. Que nos pequenos ou grandiosos momentos do viver não nos esqueçamos de que as coisas ruins vão passar e que as coisas boas também passarão.

Nada permanece estático. Tudo se move. Nada dura para sempre.

PELAS PLATAFORMAS DAS ESTAÇÕES

Quantas chegadas!

Quantas partidas!

Quantos encontros!

Quantas separações!

Quantas lágrimas de tristeza!

Quantos sorrisos de alegria!

Quantas despedidas forçadas choram pelas plataformas?

Quantos lamentos de dor gemem pelas bilheterias das estações?

Quantos sussurros de amor ficam alojados entre as poltronas?

Quantos passos indecisos andam titubeantes pelos compridos vagões?

Quantos olhares de consternação se espalham pelas janelas dos trens?

Quantos passageiros estão sorrindo?

Quantos choram?

Quantos trens chegam trazendo gente que não queria vir?

Quantos trens partem levando gente que não queria partir?

E quantos estão indo embora para nunca mais voltar?

Feliz de você que chegou, olhou, gostou do que viu e já decidiu ficar!

TODA TUA

Repentinamente, chegaste.

Amei-te para ser tua.

Toda.

Tudo.

Sempre.

Mesmo que não venhas.

Ficaste comigo.

Bem sabes que estarás aqui até o final dos tempos.

Do jeito que te sonhei.

Que te esperei.

Que me tocaste.

Do jeito exato que chegaste.

Que fostes.

E ficaste.

Do jeito que tu és.

O DISCRETO SORRISO DE MONALISA

O quadro com a pintura da famosa "Mona Lisa" foi levado após a Revolução Francesa para o Museu do Louvre, em Paris, uma obra feita pelo genial artista italiano Leonardo da Vinci.

Mona Lisa é uma mulher de expressão absolutamente introspectiva, calma e serena, dona do sorriso mais famoso de que se tem conhecimento. O sorriso dela é o sorriso mais impenetrável, mais inocente, mais apaixonante, mais disfarçado, mais anônimo, mais contido, mais convidativo, mais inspirador, mais enigmático, mais dúbio, mais valioso, mais tímido, mais procurado e o mais dissimulado. É o menor sorriso e o mais visto também.

Se acho que o sorriso dela é o mais bonito que existe? Claro que não! Mas é certamente o sorriso mais intrigante de todos e o mais inesquecível também.

Esse discreto sorriso da história da arte vem nos lembrar que as coisas simples da vida quase sempre são as mais importantes. Às vezes a verdadeira grandeza das coisas está habilmente escondida no meio das pequeninas.

SIM E NÃO

É desconcertante demais quando o coração alvoroçado de alegria sussurra em nosso ouvido: "Simmmmmmmm!".

E a dura razão, já esperneando, cheia de consciência moral, apressa-se a gritar bem alto: "Nãooooooooooooo!".

Tape seus ouvidos, se puder.

BEM-ME-QUER... MALMEQUER

    Às vezes a saudade é caridosa e benfeitora ao amor. Aquela inocente brincadeira de criança de se desfolhar a delicada flor é uma forma inocente de checar a veracidade e mensurar o tamanho do bem querer: malmequer... bem-me-quer... malmequer... bem-me-quer...

    Agora o meu bem-querer já está dormindo, mas antes de cair no sono deixou sua marca tatuada em mim. Será que ele está sonhando comigo? Será que meu bem ainda me quer? Será?

O ÓCIO, A POESIA E O AMOR

Atenção queridos advogados, matemáticos, médicos, economistas, clérigos, militares, administradores, professores, escritores, delegados, enfermeiros, filósofos, engenheiros, empresários, atores, pintores, corretores, construtores, contadores, promotores, bancários, comerciantes, donas de casa, arquitetos, juristas, fisioterapeutas, físicos, químicos, pesquisadores, farmacêuticos, investidores, diplomatas, bailarinas, recepcionistas, cantores, aviadores, atletas, operadores, programadores, repórteres... e outros tantos ofícios existentes. Ouçam, atentamente!

Todas as profissões são dignas, todas as ocupações têm objetivos nobres e necessários. São nossos ofícios que nos dão o ganha-pão, o sentimento de pertença social e que nos mantêm vivos. Entretanto tenham a absoluta certeza de que o ócio, a poesia e o amor são as três coisas que embelezam e dignificam nosso esforço diário, são os três importantes pilares pelos quais vale a pena viver. É pelo ócio, pela poesia e pelo amor que nos sentimos mentalmente sãos, que somos mais felizes, animados e energizados, que nos tornamos mais leves e equilibrados.

Aproveitem para se desocuparem mais cedo dos atribulados afazeres do cotidiano. Façam pequenos intervalos. Contemplem, olhem, admirem e apreciem o tempo passando velozmente. Façam suas vidas valerem a pena. Descansem, poetizem e amem muito. Eis aí o segredo da sanidade da alma!

MALEIROS DO CORAÇÃO

É madrugada. Estou aqui revirando fatos importantes que marcaram minha vida. Não é nada fácil remexer profundamente em alguns baús que há tempos foram deixados muito bem trancados dentro do maleiro do meu coração. Agora é preciso coragem para trazê-los de volta, abri-los e reviver cada detalhe sem me comover fortemente. Há dentro desses baús muitas coisas para serem vistas, olhadas, reviradas, choradas, revividas, ressentidas e recontadas.

Dominar tantas emoções é demasiadamente difícil. Algumas são fortes demais e hoje acabaram roubando meu sono. Estou exausta, mas não consigo dormir. Já tomei um banho quente. Já tomei um chá morninho. Já desliguei aparelhos eletrônicos. Já fiquei na total escuridão. Já fiz exercícios de respiração. Já ouvi música relaxante e nada. Agora vou começar o exercício mental de contar carneirinhos, quem sabe assim eu caia logo nos braços de Morfeu e consiga ter uma noite revigorante de sono profundo.

Já é tarde, quase madrugada, início de um novo dia.

NÃO SONHO MAIS

Ainda sou o grande amor de sua vida?

Também me busca por todos os lugares?

Quantas vezes olhou para ela procurando por mim?

Você é minha grande saudade

As lembranças surgem com a noite

A esperança de te esquecer nasce com a luz do Sol

Tudo que quero é o estridente toque da alvorada

Desde que você apagou as luzes

Ainda não amanheceu em mim

Durmo

Não sonho mais

Você fechou as cortinas

Trancou as portas

Roubou meu sorriso

E saiu apressado

Sem olhar para trás

Por isso não sonho mais

Desesperada te segurei comigo

Carregá-lo é um imenso fardo

Você ocupa todos os espaços

Seus rastros estão por toda parte

Preciso deixá-lo partir

Mas meu coração não permite

Ele vive procurando você

E acaba te encontrando inteiro em mim.

SIMPLESMENTE, LETÍCIA

Ela alegra minha vida e preenche minha alma com o seu mais genuíno amor. Um oceano inteiro nos separa fisicamente, mas de um jeito admirável ela sabe encurtar essa distância fazendo curativos perfeitos em meu coração de mãe, que vive cheio de saudade. Por profissão é advogada, no entanto, por puro mérito, também conferi a ela o diploma de psicóloga, pois, como ninguém, ela sabe me emprestar ouvidos benevolentes, dar excelentes conselhos, apontar variadas sugestões e novos caminhos. Fico encantada com seu raciocínio lógico, oratória, poder de argumentação, inteligência emocional, tato e diplomacia. Mesmo estando longe ela não solta a minha mão e de um jeito ou de outro consegue se fazer presente encurtando essa distância. Ela não deixa dúvidas nem espaços vazios entre nós, está sempre ao alcance do meu celular, a qualquer hora, sob qualquer condição, fazendo com que Paris pareça estar logo ali. Diariamente, ela me telefona para contar sobre seu dia, e se interessa em saber os detalhes do meu, me faz sorrir largamente e ouve com respeito e devoção tudo aquilo que lhe digo. De uns tempos para cá tem dito que somos almas-gêmeas. Sim, realmente somos.

Como pode haver tanto amor dentro dela? Nem todas as palavras do mundo teriam forças para explicar o tamanho da admiração que tenho por Letícia. Como vou descrevê-la para quem não a conhece? Apenas dizer que ela é culta, meiga, amorosa, generosa, atenciosa, estudiosa, linda e inteligente adiantaria? Tudo me parece tão pouco e muito menos do que ela realmente é! É como querer explicar o mar mostrando apenas um lago. E a areia? E o sal? E as ondas? E os reflexos da Lua ou os raios luminosos do Sol batendo naquela imensidão de água azul? De que forma perfeita eu os explicaria para quem nunca os viu?

Letícia é um símbolo de amor e cuidado. Ao encontrarmo-nos ela sempre me olha com olhos muito brilhantes e eu fico feliz ao ver sua face iluminar-se com a minha presença. Sinto-me encantada e bem-aventurada por também poder contemplar essa filha extraordinária que é preciosa demais, o meu reluzente tesouro.

CORAÇÃO VALENTE

A mente é o lugar de deliberações e decisões. O coração é o lugar de compreensões e afeições. A mente raciocina, determina e age. O coração vibra, vive e intui. Enquanto a mente pondera, o coração arde.

A simples presença dele causa-me prazer, inteireza e esperança. Em contrapartida, sua ausência causa-me desassossego, exaustão, truncamento e vazio.

Decidi parar de brigar com esse sentimento desenfreado que grita alto em meu peito. Vou baixar guarda, diminuir a vigilância e entregar-me de corpo e alma à paixão. Quero vivê-la em sua total plenitude. Capitular é sempre mais doce que guerrear, embora seja muito menos nobre. Ao render-me a essa paixão ponho fim a esse sangrento duelo. Hastearei a bandeira branca. E assim nascerá em mim a paz.

Preciso seguir com destemor as impetuosidades do meu coração, seja lá como for, mesmo não sabendo ao certo por quais caminhos ele está querendo me levar. Creio firmemente que seja para um lugar ensolarado, com cachoeiras cristalinas, árvores frondosas, rios, lagos, pomares, frutos saborosos, animais dóceis e incontáveis favos de mel, afinal, o coração é valente, ele quase nunca se engana.

CONTO DO AMOR SEM FIM

Tive muito dele. Vivemos um relacionamento longo, grandioso, pleno e sem retoques. Com ele ao meu lado tudo fazia sentido e nada me faltava. Sobravam certezas, sorrisos, cumplicidade, prazer e tudo o mais que um grande amor pode nos proporcionar.

Ele era especial e eu também me sentia muito especial ao lado dele. De mãos dadas e corações entrelaçados, passeávamos pelos dias em harmonia e felicidade. As coisas para nós eram fáceis, suaves, possíveis e fluíam naturalmente. À nossa volta tudo era magia e encantamento.

Os dias seguiram-se aos dias, as noites seguiram-se às noites, e assim o tempo passou rápido sem que percebêssemos. Percorremos um longo caminho juntos, por isso comecei a sentir sede e cansaço. Minhas pernas estavam estafadas da extensa caminhada em busca do pote de ouro que brilhava no final do arco-íris. Ele sempre me dizia que faltavam poucos metros para a linha de chegada e isso me dava força e coragem para prosseguir. Afirmava que bastava virar a curva do rio que margeava a estrada que já avistaríamos a bandeira quadriculada tremulando ao vento.

Mas de repente ele sofreu uma forte torção em seu calcanhar de Aquiles, um passo em falso o fez se desequilibrar e cair. Percebendo a gravidade dessa desventura, meu coração bateu em descompasso.

— Ah, que infortúnio, meu amor! – exclamei incrédula.

Ele me olhou desolado, ainda tentando se levantar, mas foi inútil. Seu calcanhar tinha sido atingido em cheio e parecia ter perdido a função de impulsionar o pé para a caminhada. Mais do que depressa lancei mão de algumas ataduras, bálsamos e emplastros que levava em minha caixinha de primeiros socorros e fiz-lhe curativos e a imobilização do tornozelo.

— Continuemos nossa caminhada. Agora falta pouco. Apoie-se em meu ombro que sustentarei você.

Ele tentou se aprumar, mas estava titubeante e meio zonzo. Andou capengando ao meu lado por apenas alguns poucos passos, mas logo desistiu de vez. Ele tinha a testa franzida e no rosto um semblante sofrido de dor. Eu o amparei nos braços como podia, mas pressenti no ar a tempestade.

— Não pare agora, por favor. Os campos floridos estão logo ali. Veja como são lindos! – Ainda arrisquei lhe dizer, mas ele baixou os olhos e murmurou:

— Estou muito machucado, realmente não consigo, dói demais.

— Ah! Não posso acreditar nisso. Tudo que vivemos ainda não foi o suficiente. Faltam para nós a sonhada viagem de veleiro, as músicas orquestradas na vitrola, o circo, a pipoca, o riso solto. Faltam os seriados e os documentários que tanto gostamos, os filmes *Pássaros feridos*, *As pontes de Madison*, *O amor nos tempos do cólera* e tantos outros igualmente lindos que queríamos assistir juntos. Faltam o camarão ao catupiry que ainda não fiz para você e aquele peixinho assado no azeite com mostarda e alcaparras, acompanhado de batatas *sauté*. Existem coisas que ainda não fizemos, há histórias que ainda não te contei e que você precisa saber.

Mas ele não resistiu à queda. Com um gesto de tristeza, fechou os olhos marejados de lágrimas e tombou devagarinho para o lado, assim como uma velha árvore tomba. Depois veio o soluço infeliz e um triste lamento.

E do rádio de uma casa simples, à beira da estrada, identifiquei o som de uma música melancólica. Aprumei os ouvidos e identifiquei ser a voz grave, empostada e comovente de Nelson Gonçalves, cantando tristemente:

> Lembro um olhar, lembro um lugar, teu vulto amado.
> Lembro um sorriso e o paraíso que tive ao teu lado.
> Lembro a saudade que hoje invade os dias meus. Para o meu mal, lembro afinal, um triste adeus...[33]

Olhei consternada para o infinito enquanto um lindo filme de nós dois passava por minha cabeça. Suspirei pesadamente. Duas grossas lágrimas escorreram por minha face.

---

[33] SANTOS, Benil; SAMPAIO, Raul. *Lembranças*. Interpretação de Nelson Gonçalves. 1985.

Durante os anos de nossa caminhada tivemos um percurso notável, um tempo de certezas e contentamento. Percorremos trechos espinhosos, é verdade, mas não foram suficientes para deterem nossos passos. Percebi naquele momento que nossa estrada se bifurcava e que nosso caminhar a dois terminava ali. Aquela torção em seu calcanhar de Aquiles era apenas a forma mais amena que encontrou para desistir de tudo. Compreendi que não passava de uma triste maneira de se despedir de mim, a forma estapafúrdia que encontrou para me dizer adeus.

Ainda bem que não havia ninguém mais por perto para testemunhar a desmesurada tristeza do meu olhar, nem para ouvir as desesperadoras e descompassadas batidas do meu coração. Ainda bem.

Muitos anos já se passaram, agora já me refiz um pouco, mas não de tudo. O que senti por ele nunca mais sentirei por ninguém. Amor que não se efetiva em sua inteireza grita alto dentro do peito da gente e se torna irremediavelmente eterno. Sei que até o final dos tempos ele será o meu amor sem fim.

PÓDIO DAS RELAÇÕES HUMANAS

No pódio das relações humanas nem sempre somos os preferidos, os melhores, os vencedores, os grandes campeões. Para certas pessoas jamais ocuparemos um lugar de destaque em seus pódios privativos, nem ganharemos uma medalha de ouro, prata ou bronze.

Nesse púlpito particular das preferências humanas jamais ouviremos o som dos aplausos efusivos da empatia, nem os acordes emocionantes do hino nacional da admiração.

Quando somos os preteridos custamos a aceitar essa desconcertante realidade. Esse pódio é de pura compatibilidade e se chama a-fi-ni-da-de. Entendeu? Nesse caso, por mais que nos esforcemos não há nada a ser feito, não há conquista possível.

Mas em contrapartida, no pódio da vida de outras pessoas nossa presença é absolutamente essencial, somos invariavelmente escolhidos e estamos sempre em primeiro lugar.

É a vida!

APOGEU SENTIMENTAL

Dizem que conseguir atingir o ponto mais alto de uma montanha é sentir o cume da mais genuína felicidade. E é.

Mas quando se trata de amor como é que se processa no coração um ápice emocional? Quão grande e magnífica é a emoção que se tem quando se atinge o auge de um sentimento superlativo como esse? De que forma seria possível prolongar essa sensação plenificante? Seria plausível? Creio que não, pois quando estamos vivendo um ápice sentimental dessa natureza não há consciência no coração do fim futuro, limitamo-nos a vivê-lo como se esse esplendor fosse eterno.

Depois de se viver um apogeu sentimental, como é que se processa no coração o instante seguinte? Como se preparar para o menor, para o menos fulgurante, para a descida desse incrível clímax? Na hora do declive como serão esses passos? Vacilantes? Desencontrados? Desencantados? O que se pode esperar da nova paisagem depois que se viveu um incrível apogeu emocional? Como se contentar com o opaco depois que se conheceu o resplandecente, o genuinamente luzidio?

É evidente que quando chegar o momento de descer desse fulgurante ápice qualquer paisagem nos parecerá muito mais pálida, mais desbotada e insignificante, sem vida, até.

É como ter que se contentar em nadar em um simples lago depois de ter embrenhado-se, encantado-se e nadado de braçadas na exuberância do mar.

DIVINAS CONSOLAÇÕES

As despedidas são sempre muito doídas, principalmente as amorosas. Uma coisa, porém, consola-nos: amor que é amor nunca se acaba. Nunca. Até mesmo o amor que se despede de nós. Na verdade, ele apenas muda de casa e assume outra forma; desaparecem os prazeres do contato diário e as lembranças assumem seu lugar e passam a morar em nós.

As lembranças vêm para nos acalentar e acabam se tornando companheiras preciosas. Mais do que depressa são acolhidas, embaladas e aconchegadas em nossos braços, depois dançamos com elas de rosto colado, até que o tempo decida nos dar uma trégua e por absoluta generosidade permita que elas durmam temporariamente em nós. Após um sono profundo, depois que a dor da separação se arrefece, as lembranças acordam novamente e sentimos a necessidade de partirmos atrás da fonte que as geraram, assim como um rio caudaloso correndo sôfrego para sua nascente, num grande refluxo.

No encalço das despedidas vêm sempre as lembranças transformadas e embaralhadas nos arquivos nostálgicos do passado. São elas que nos ajudam a prosseguir, porque se tornam um consolo depois que a dor se abranda, tornam-se bálsamos, transformando-se em potentes pílulas de resiliência e calma. Depois das tristes despedidas, o que nos ajudam a viver são as lembranças, elas são os milagrosos remédios que nos amparam na adaptação da ausência. As lembranças são nossas divinas consolações.

AS ROSAS E O TEMPO

As rosas são belas, mas frágeis. Tão logo desabrocham já começam a morrer. Ao completarem seus ciclos viventes murcham e se desfazem, viram adubo, e em seus lugares outras rosas nascerão. E, assim, as rosas vão sendo rapidamente desfolhadas pelo tempo.

Mas o que é o tempo senão um incessante aglomerado de pequenos momentos? Não seria ele um insensível e implacável devorador de instantes? E nós, pobres mortais, vivendo completamente acuados, apenas conjecturando, esmagados nesse meio-tempo de pouquíssimos e galopantes dias?

O contínuo passar do tempo vai deixando no ar um gosto amargo de fenecimento. A finitude me apavora, mas a redentora esperança à eternidade me consola. Eu creio. Creio firmemente que a eternidade do além-mundo seja a minha salvação.

Uma forte ventania está soprando do lado de fora. O vento voa, o tempo atordoa e as folhas caem. Acaso existirá algum pensamento sobre esse vento, sobre esse tempo, sobre essa folha que a esmo se vai?

A ALEGRIA SALVA

O médico imunologista, oncologista, cientista e escritor brasileiro Dráuzio Varella disse que "a risada, o lazer e a alegria recuperam a saúde e nos trazem vida longa. E que o bom humor nos salva da mão do doutor".

Sim, acredito piamente que a alegria seja sinônimo irrefutável de saúde e que o bom humor pode nos acudir, defender-nos e nos salvar das mãos do doutor, principalmente das mãos do doutor psiquiatra.

Aprendi a duras penas que com alegria é mais fácil conviver com as maiores dores. Por força das circunstâncias e movida por um amor incondicional vivi momentos dificílimos e desesperadores, mas com alegria. Por sorte ou por puro merecimento, esse dom é inerente a mim.

Sim, a alegria já me salvou. A alegria é a nossa competente advogada de defesa, ela é um amparo, nosso melhor caminho.

Alegre-se você também. Sorria. Divirta-se. Deleite-se. Salve-se das mãos do doutor, se puder.

JE T'AIME MON AMOUR

Em *flashback* viajo no tempo e vou novamente até Paris para recordar com imensa nostalgia nossas andanças pelas ruas da "Cidade Luz", onde eu e ele fomos tão felizes.

Enquanto luvas, gorros, cachecóis, botas e casacos acolchoados nos abrigavam do intenso inverno parisiense, íamos de mãos dadas pelas ruas apreciar os conjuntos arquitetônicos, o requinte das lojas de grifes luxuosas, a preciosidade dos museus, a beleza quase milenar das catedrais e o encanto dos hotéis, restaurantes e cafés.

Em nossas andanças por Paris ficamos maravilhados com a suntuosidade e o brilho da Torre Eiffel, o encanto das ninfas, anjos dourados e cavalos alados da Ponte Alexandre III, e com a beleza do Bateau Mouche deslizando suavemente pelo charmoso Rio Sena.

Foi fascinante ver a exuberância dos jardins, das galerias e das livrarias, que são abrigos certeiros para mentes sedentas. Foi maravilhoso conhecer a Universidade Paris-Sorbonne, uma das mais antigas e famosas do mundo, tão impregnada de conhecimentos, histórias, pensares e saberes. Como foi bom poder transitar livremente pelas calçadas, ruas e galerias de arte, com suas grandes diversidades de belos quadros. São lembranças lindas e inapagáveis.

Uma enorme onda de saudade inunda minha alma. Ah, como eu gostaria de poder caminhar ao lado dele até o fim dos tempos! Fecho os olhos e abraço forte meu travesseiro, que tem sempre um suave resquício do perfume Angel. Suspiro profundamente ao recordar as doces palavras dele sussurradas em meu ouvido: "Amo você a todo instante, em tudo, cada vez mais". Sorrio. Sinto calafrios. E lhe respondo do alto da minha paixão: "Te amo muito mais!".

Em Paris pulamos poças d'água, vimos aviões desenhando no céu azul lindas figuras de fumaça branca e contemplamos extasiados arco-íris que coloriam o firmamento, abençoando nossa aliança de amor eterno. Em pleno inverno parisiense vivemos entardeceres fascinantes, com seus pequenos detalhes de grandes encantos.

Em Paris tudo é divino e tudo acontece magicamente; tudo se perpetua. Naquele momento não importava para nós o ontem nem o amanhã, pois sabíamos que as lembranças dos dias que passamos juntos naquela bela cidade estariam eternamente cravadas em nossos corações.

Guardei comigo os mínimos detalhes dos dias felizes que lá vivemos. Não perdi absolutamente nada, apenas a ilusão de que ele poderia caminhar ao meu lado para sempre.

O TEMPO NÃO DESCANSA

Enquanto algum sentimento estranho atormenta minha alma, contemplo as nuvens brancas que se deslocam apressadas no céu. Vejo-as fugindo aceleradas para não sei onde e vou seguindo-as com o olhar nesse desenfreado e louco frenesi. Tenho a nítida impressão de que em seu grande afã acompanham o ritmo do implacável relógio de areia. De que passado essas nuvens vêm? Para que futuro estão se dirigindo?

Só sei que o viver prossegue aos trancos e barrancos, abrindo novos horizontes, fechando velhos ciclos. Os dias sucedem os dias. O tempo corre esbaforido e sem controle, vive fora de alcance, ele nunca descansa.

Mas o que é o tempo senão um simples instante, um *flash* ou uma distração? Só de pensarmos nele já se torna passado. É aterrorizante sua agilidade. Constato que para o relógio da vida não há atraso nem adiantamento possível, nele os minutos não retrocedem, apenas avançam. São movimentos sincronizados, cronometrados e irreversíveis, quando os negligenciamos jamais poderemos recuperá-los.

Ei, psiu... Faça valer a pena seu viver. Torne sua vida grandiosa. Realize seus sonhos mais mirabolantes. Seu lugar não é no passado nem no futuro, seu lugar é aqui. Só existe e só vale o momento presente. O amanhã é hipotético e pode nunca chegar. Procure ser feliz ainda hoje, antes que seja tarde demais. Ame muito, a todos, sem exceção. Faça com que sua existência seja leve, admirável e majestosa. Mas corra, acelere, abrevie. A vida está com muita pressa, ela não espera ninguém. Ainda há tempo se você quiser, apesar de hoje já ser quase ontem.

SÃO NICOLAU

Este foi um ano atípico de muitas descobertas e aprendizados, ano de ajustar as velas do barco e corrigir a rota, ano de chegadas e partidas, de renascimento e adeuses.

O Natal está chegando, minha alegria e minha esperança também chegam e se renovam. Existem presentes imprescindíveis e presentes supérfluos. Como presentes absolutamente necessários pedi que Papai Noel me trouxesse, além da família unida e dos amigos sempre por perto, uma fé inabalável no amor e nas coisas divinas. Pedi muita saúde, vida longa, grande harmonia, incontáveis alegrias e lindas sinfonias de amor.

Há muitos e muitos anos, quando eu ainda era criança, minha mãe contava que São Nicolau Taumaturgo colocava, em absoluto sigilo, um saco com moedas de ouro na chaminé das casas dos que estavam precisando de ajuda. Por ser muito rico, generoso, bondoso, alegre e altruísta, anualmente, na véspera de Natal, ele viajava o mundo inteiro de trenó puxado por renas só para entregar lindos presentes às crianças bem-comportadas.

Ciente de que Papai Noel é imortal e que ele vive para ajudar e presentear especialmente as crianças, os crentes e os sonhadores, resolvi arriscar e aumentar ainda mais minha lista de presentes, valendo-me da menina sonhadora que ainda existe em mim. Fechei os olhos e decidi completar meu pedido natalino com a esplêndida trilogia mais-que-perfeita: Poesia, Filosofia e Ataraxia!

Precisa mais?

À ESPERA DA CHAVE

Estou à procura de uma única chave. Não há cópias. Fui buscá-la entre os livros da estante, na adega, debaixo do meu travesseiro, nas provisões da despensa, na casa de máquinas, no sótão e até no meio dos retalhos do quarto de costura. Não a encontro.

Será que sem dó nem piedade foi jogada nas dunas de areia ou nas profundezas do mar? Será? Mas só há uma chave. Essa porta só poderá ser aberta pelo lado de fora. Será que foi guardada a sete chaves em algum lugar secreto? Onde estará a chave? Onde?

Está frio. Preciso urgentemente ver a luz do Sol. Estou em compasso de espera. À espera da chave. À espera!

BORBOLETAS NO ESTÔMAGO

O amor é um redemoinho de emoções que se caracteriza por atração física, encantamento, admiração, vontade imensa de estar com o outro, forte sentimento de afeição, cuidado, respeito, intimidade, entrega, plenitude e paixão. É um sentimento nobre, ardente e sublime, que se sobrepõe a todos os demais. Às vezes, por medo de perdê-lo no futuro, muitos têm medo de encontrá-lo no agora. Esse temor configura-se ampla insegurança e uma grande covardia dos eternos fujões de borboletas no estômago.

O afastamento, a fuga e a covardia serão sempre os piores carrascos disfarçados de solução, serão sempre os mais perversos algozes de todo caso de amor. Esses pobres evasores escapam furtivamente dos nobres vínculos amorosos para não se chocarem com suas transações e afetos. Esses fujões não sabem o que estão perdendo por não se entregarem e não vivenciarem profundamente essas amorosas ligações.

Ah, que desventura! De que valem as ilusões sem a concretude da realidade? Mas de que cores vibrantes haveríamos de colorir a vida se não fossem os devaneios, as doçuras, os subterfúgios e as delícias de amor?

SONHO EM PRETO E BRANCO

Lembro-me que eu caminhava cambaleante pela imensidão do deserto e que sentia muita sede. Estava extenuada, ofegante, quase desfalecendo, pois corria muito para alcançar alguém que caminhava apressado à minha frente. Ele estava com o cantil dependurado no pescoço e parecia conhecer muito bem aquele lugar. Ele era meu guia, minha bússola, o meu companheiro de viagem. Já tínhamos andado durante vários dias lado a lado, no mesmo compasso, mas naquele momento ele tinha soltado minha mão e andava ligeiro à minha frente. Eu lutava até a exaustão para acelerar ainda mais meus passos enquanto falava desesperadamente:

— Não apresse seus passos... Estou exausta... Tenho sede... Espere por mim... Me dê sua mão...

Mas o barulho do vento levava o som da minha voz para muito longe.

Foi um pesadelo angustiante, um devaneio ruim. Acordei suando frio e muito assustada. Foi desesperador, um sonho descolorido, em preto e branco.

ONDE EXISTIREI AMANHÃ

Como já perdi todo o meu passado e não tenho a mínima noção do que me reserva o futuro, aqui estou confortavelmente sentada, demasiadamente lúcida e sem grandes ilusões, mas com a percepção exata do que é amar e ser amada.

Sei que existo concretamente só no aqui e agora, mas me conforta saber que amanhã existirei na memória de alguns e pelos porta-retratos da vida de outros.

O SILÊNCIO QUE ALUCINA

O silêncio por opção é sempre apaziguador. É um estado de quietude e tranquilidade que nos conecta com sentimentos mais nobres e consequentemente se torna crescimento, leveza e sublimação. É quase um nirvana. Porém o silêncio por imposição torna-se inquietação, um perverso martírio para a tranquilidade da alma, e ele dá margem a infundadas e variadas interpretações.

O silêncio forçado mortifica. Quase sempre o emudecer de um torna-se alucinação e dura provação para o outro. É como se fosse uma dolorosa caminhada rumo ao tormento que tira do prumo. Esse "nada a declarar" aflige e tritura o peito desvairado e faz delirar.

Para certas coisas sempre escolho o vozeiro. Prefiro o som ritmado do batuque à apatia da mudez e da calmaria. Opto pelo ruído da algazarra ao invés do marasmo e da afonia.

E acompanhando o protocolo das ilógicas interpretações que o silêncio provoca, sigo com minhas cogitações e interrogações: quando é que se deu a grande ruptura do amor e o silêncio tomou o seu lugar? Por que ele decidiu rubricar as alvas folhas do nosso futuro tão promissor? Estava consciente que avalizava uma dívida absurdamente impagável? Em que circunstância decidiu assinar essa nota promissória em branco? Na calada da noite? Grande covardia!

Para sempre serei a credora desse título imaginário, a beneficiária direta dessa obrigação. Não se esqueça de que em breve você terá que saldar seu débito comigo. Para certas dívidas não há prescrição nem perdão.

POR QUEM OS SINOS DOBRAM

Estamos novamente em março. A Terra gira como um pião. Hoje a saudade dele se faz muito mais forte. Respiro fundo para me revestir de coragem e aproveito para apurar os ouvidos para melhor decifrar um som insistente que vem de longe. Ah! É o toque de um telefone celular. Alguém está querendo se conectar com outro alguém, mas não é comigo. Não é ele. Como poderia ser, se ele nunca saiu daqui? Ele dorme e acorda comigo, ele mora aqui dentro do meu coração. E assim será até o final dos tempos.

Hoje não haverá festa de aniversário nem um cronograma a ser seguido, não é tempo de semeadura nem de colheita, o tempo agora é de espera, só de espera. Fui avassaladoramente derrotada. Estou fora de combate. Fui nocauteada.

Em um ciclo interminável os dias se seguem monótonos um após o outro. Às vezes tenho a impressão de que ao se fecharem as cortinas do meu coração as luzes do lado de fora também se apagaram e simultaneamente o movimento de rotação se alterou. Agora minhas noites duram bem mais do que oito horas; muito mais. Fico aqui quietinha, de olhos fechados, à espera dos primeiros raios de Sol. Sei que daqui a pouco ele voltará a brilhar. Ele sempre volta.

Cadê meu pote transbordante de água cristalina? Será que se quebrou? Já não é mais de água que tenho sede, é de vida. É madrugada. Todos dormem. Enquanto a luz do dia não vem ficarei aqui abraçada ao meu travesseiro, hibernando entre as cobertas, ansiando para que o toque da corneta soe logo para me tirar desse estado de torpor. Daqui a pouco os sinos vão repicar alegremente anunciando a alvorada da vida. Eu sei que vão.

De olhos fechados indago ao meu coração: "Por quem os sinos dobram?".[34] E ele me responde sem demora: "Em todo 10 de março será por Bruno, o excepcional menino cadeirante, que os sinos sempre dobrarão!".

---

[34] HEMINGWAY, Ernest. *Por quem os sinos dobram*. Tradução de Luís Peazé. 18. ed. São Paulo: Bertrand Brasil, 2014.

SIGNIFICATIVAS TRANSFORMAÇÕES

Como é que ele conseguiu, de maneira tão admirável, dar novo sentido à minha vida e ainda provocar significativas mutações em meu mundo? Como é que naturalmente ele foi capaz de transmutá-lo e colori-lo com tintas tão brilhantes, sendo tão somente o que é?

Espanta-me constatar que ele tenha entrado em meu mundo, mexido com meus anseios e verdades, olhado-me em momentos cruciais do viver, esmiuçado meus sentimentos mais secretos e ainda ter compreendido perfeita e profundamente minhas emoções e aspirações.

Embora tenha um cérebro frio e lógico que às vezes parece dominá-lo completamente; para mim, contudo, ele possui um fascínio tão poderoso que eu duvido poder um dia substituí-lo por outro homem. Como é bom saber que ele é seguro de si, confiável e absolutamente apaixonante, e que ainda consiga se colocar no pódio mais alto de minha total admiração e lá permanecer confortavelmente pelo resultado de suas opiniões acertadas e por suas atitudes, que coincidem com meu conceito sobre o que realmente deva ser companheirismo e amor.

Como é desconcertante averiguar que ele usurpou meu coração dessa maneira. Como é aterrorizante pressentir que jamais vou conseguir esquecê-lo. Como é apavorante constatar que ele já se tornou absolutamente indispensável à minha vida. Como é assustador me certificar que ele significa tanto, tantas coisas!

OS COMBATENTES

O Sol já está se pondo no horizonte. É momento de silêncio e meditação. Hora do lusco-fusco, momento do duelo mais sangrento que se pode travar entre a claridade do dia e a escuridão da noite.

Haverá sempre a força do vento a nos impulsionar com intrepidez e valentia. Cantemos com ufanismo, pois a paisagem que se descortina do lado de fora vem nos lembrar a todo instante que o grande segredo da vida consiste em sermos destemidos transeuntes.

Sejamos incansáveis viajantes sem morada e sem excursões planejadas. Sejamos passageiros temporários e sem lugares fixos. Sejamos a força que nos faz seguir em frente, em busca do que ainda não encontramos. Apenas, andemos. Somente, marchemos. Simplesmente, caminhemos.

Para onde estamos viajando, grandes lutadores da vida? Com que pretexto? Ah, isso não importa, nada muda a urgência de se duelar e não esmorecer. É um dia de cada vez. Não sejamos sombras de nós mesmos, sejamos apenas eternos e incansáveis guerreiros, mesmo não sabendo ao certo para onde vamos nem se algum dia iremos vencer essa dura batalha. Resistamos. A peleja não pode parar, pois ao amanhecer a guerra prosseguirá.

Sejamos combatentes! Lutemos! Calemo-nos!

CONVENIÊNCIAS

Diz o ditado popular que "o que é nosso está guardado". Mas essa afirmação só cabe quando nos referirmos aos desejos e às angústias nutridas por alguém absolutamente conformista, do tipo que aceita situações desfavoráveis ou incômodas sem questionar, que não consegue alcançar seus objetivos e permanece de braços cruzados esperando sentado que o tempo faça por ele o que deveria ser o seu papel. Cabe nessa ideia todas as interpretações que quisermos lhe dar.

Num mundo em que tudo já está determinado e nada poderia ser diferente, seria inútil deliberar e espernear. Afinal, se tudo de nós ou para nós está de algum modo guardado em algum momento ou lugar, então todos os acontecimentos de nossas vidas já foram fixados com antecedência, não foram? De que valem os esforços se nosso destino já vem traçado e decidido?

Ah, sinceramente, não gosto dessa ideia. Soa-me como fatalismo, um legítimo e conveniente arranjo, uma grande e vergonhosa acomodação. Se a ação humana não puder influenciar em nada o curso dos acontecimentos, qualquer luta é inglória.

AMOR LEVADO À ENÉSIMA POTÊNCIA

Há um tipo de amor mais-que-perfeito que foi embora da minha vida precocemente, sem pedir licença, mas que volta quando bem quer. Ele chega de repente, sem ser anunciado, vem todo confiante e faceiro, aconchega-se em meus braços e já se esparrama completamente em mim, sem pudores. Eu o recebo exultante de alegria e para ele também desnudo minha alma.

Ele sabe que pode estar comigo quando bem quiser, a qualquer hora, sob qualquer condição, pois ele é *hors-concours*,[35] é um amor superlativo, grandioso, levado à enésima potência, e isso por si só já lhe confere esse supremo poder. Ainda que ele tenha partido para longe, lá para aquele espaço distante em que meus olhos não podem alcançá-lo, ainda assim ele continua sentado confortavelmente em um lugar de destaque dentro do meu coração.

Ele sabe que prefiro encontrá-lo lá onde moram as estrelas e é normalmente no meio delas que ele sempre me espera. E tendo a Lua como companheira, balançamos aconchegados para lá e para cá, noite e dia, dia e noite, em um vai e vem interminável de aconchegos, sorrisos e lembranças felizes. E dessa maneira vamos matando nossa incomensurável saudade, travando entre nós um diálogo mudo, telepático, plenificante. Tem sido assim há vários anos e assim será para todo o sempre.

---

[35] "Fora de competição", do francês – Tradução livre.

PROFESSORES BRILHANTES

Alguns professores nascem póstumos, outros nobres e outros humildes e modestos. Estes últimos são inteligentes e observadores contumazes e descobrem desde muito cedo que o único caminho possível para vencerem na vida é por meio do estudo. Então alguns correm atrás, esforçam-se e estudam a duras penas, passam noites e mais noites debruçados sobre os livros, fazem uma graduação, às vezes duas, depois mestrado, doutorado, pós-doutorado e mais, muito mais. Aperfeiçoam-se ininterruptamente. Normalmente escrevem muitos artigos, livros, lecionam em dois ou três lugares diferentes, dão seminários, ministram muitas aulas, orientam alunos e se tornam exemplos.

Geralmente, no primeiro dia de aula alguns professores se apresentam aos alunos logo de cara e gritam aos quatro ventos seus títulos e feitos. Outros, apesar de grandes feitos e muitos títulos, não dizem absolutamente nada sobre si mesmos, limitam-se a transmitirem com maestria seus conhecimentos, falando de números, fórmulas, tabelas, métodos, raciocínio lógico, histórias, filosofias, poesias, religiões, perspectivas, caminhos variados e novas ideias, e assim vão abrindo muitas portas para nós. São professores seguros, gabaritados, comprometidos e indulgentes.

Nos anos 60, o poeta Vinícius de Moraes já cantava e nos alertava abertamente: "O homem que diz sou, não é!".[36]

Durante minha vida estudantil tive alguns professores maravilhosos e inesquecíveis. Suas inteligências já faiscavam de tanta claridade. Alguns já eram pesquisadores de alto nível. Mesmo na condição de aluna, alguns desses educadores diferenciados se tornaram também meus amigos, dos

---

[36] POWELL, Paden; MOARES, Vinícius de. *O canto de Ossanha*. 1966.

quais muito me orgulho. É claro que continuam simples, serenos, humildes e grandiosos, como sempre foram. Aprendi muito com eles. Além das matérias que lecionavam, certamente suas lições de sabedoria, humildade, integridade e modéstia foram sempre o ponto alto para mim.

Aliás, a expressão "modéstia à parte", sempre tão utilizada no dia a dia por muitos de nós para valorizarmos uma conquista pessoal ou nos vangloriarmos de algo sem sermos interpretados como arrogantes, esnobes, pretensiosos ou vaidosos, nunca foi utilizada por eles. Não na minha presença. Não era preciso, não é mesmo, professores brilhantes?

TARDE E NOITE

A tarde nem bem chegou e já precisa partir. Estou aqui, a contemplá-la serenamente, exercitando a quietude do coração e o necessário silêncio da alma. Ambos são vitais para minha sobrevivência. Ao perceber meu olhar melancólico, a tarde se compadece de mim e antes mesmo de seu derradeiro suspiro me diz:

— Meu turno acabou, agora vou-me embora. Mas não fique triste não, pois deixarei a noite com você. Ela é minha grande companheira, nós duas temos uma associação íntima, uma espécie de simbiose, sabe? Precisamos uma da outra para existirmos. A noite é uma excelente conselheira. Fique com ela agora. Até amanhã.

E simultaneamente ouço a voz da noite me dizendo:

— Olá, cheguei! Como vai você? Não se sinta só. Vim para lhe fazer companhia, pois a partir deste instante estarei com você e serei sua confidente fiel. Muitos não querem me ver, tão logo chego já cerram janelas e cortinas, alguns até acendem as luzes, outros fecham os olhos. Fique comigo. Ah! E porque sei que você gosta de mim, logo mais vou lhe trazer a Lua. Hoje ela está linda, intensamente brilhante, imensa, quase cheia. Será o meu presente para você.

Sorri de satisfação!

O MENINO APAIXONADO

Amar ultrapassa qualquer entendimento. Obrigado pelos momentos ensolarados que você me fez viver nesse curto tempo de tão intenso amor. Com você redescobri a ansiedade, o susto e o encanto de qualquer espera. Você me fez querer o estridente toque do telefone, a Lua cheia, a noite estrelada, o jogo de damas, a festa, o amanhã e o quase impossível. Você me tirou da pacata maturidade para viver novamente os arroubos da juventude, transformou-me em adolescente apaixonado, fez-me vestir de novo o uniforme do colégio e me fez sonhar. Você me fez acordar cantando alto antes mesmo do café da manhã, fez-me tanto em tão pouco tempo que tudo que vivi antes de você deixou de ter sentido, ficou desbotado, sem gosto e sem memória.

A sensação que tenho é que lhe procurei a vida inteira e que você é exatamente como eu sempre quis. É certo que tudo ainda está por fazer, mas já fizemos o principal. Agora estamos em nossas próprias mãos e vamos colher o que semearmos com entusiasmo e determinação.

Você sabe que o amor exige perseverança e que o novo exige coragem. Você tem coragem de enfrentar comigo essa experiência avassaladora? Sabe que no começo a estrada será muito estreita? Sabe que vamos caminhar entre a dor e a felicidade, a espera e o abraço? Sabe que nos alimentaremos de lembranças, cartas, telefonemas, mensagens, fotografias, hotéis, aeroportos e reencontros? Sabe quantas madrugadas e quantas insônias nos aguardam? Sabe que a amo mais do que tudo? E sabe também que depois de tudo vamos ser muito felizes?

Seja minha namorada, minha mulher, minha melhor amiga, minha companheira inseparável, minha fiel confidente e meu eterno amor. Seja minha para sempre. Só minha.

Nada mais tem sentido sem você.

BALANÇA INTERIOR

Sou libriana, signo regido por Vênus, símbolo do amor. Romântica à toda prova (gosto disso). Justiça? Ah, essa é minha constante luta. Prezo pela felicidade e pela harmonia dos que me rodeiam. Detesto brigas, palavras chulas, mau humor ou caras amarradas. Evito qualquer tipo de discussão. Perdoo, mas jamais esqueço. Sou adepta à calmaria, ao olhar demorado, às cogitações e à serenidade da paz.

Caminho diariamente entre Coração e Razão, são dois mundos diferentes, ambos importantes para o bem viver. São duas forças antagônicas e necessárias que se complementam. É preciso perceber quando uma se aflora para que a outra possa fechar as cortinas, apagar as luzes e sair imediatamente de cena. Minha balança interior não é estática, está sempre pendendo para um dos lados. Algumas pessoas afirmam que sou equilibrada; às vezes penso que não.

Dizem que a razão aprisiona e o coração liberta. Penso que é justamente o contrário: o coração aprisiona muito mais e a liberdade só se consegue usando a razão. Do fundo da minha razão tenho dúvidas de sua autoridade e real valor. Do fundo do meu coração me declaro feliz, pelo menos até que a razão reclame seu lugar de peso. Há uma grande diferença em estar feliz e ser feliz. Apesar dos pesares, eu sou.

RODA-VIVA

A roda-viva girou em seu contínuo movimento sem descanso. O cenário que se descortina diante dos meus olhos se modificou, a paisagem não é a mesma de outrora, neste momento é sombria e cinzenta.

Nada mais tem lugar definido. Quando olho dessa roda-viva vejo em perspectiva que não há Sol nem luar. Não há planos em curto prazo, nem canto, nem dança, nem contentamento. Estou consternada, hesitante, sabendo que o por vir é duvidoso e pode nunca chegar.

Não somos donos do tempo nem do destino; esses são divinos e quando menos esperamos são carregados para lá pela roda-viva. Nada nos pertence, apenas os sonhos. Esses, sim, são nossos.

Tem dias que me sinto tonta com as voltas dessa gigante roda da vida. Tudo me parece flutuante, instável e profundamente movediço. Vivo assustada, desnorteada, sem destino certo, assim como a pluma que é levada ao léu pela fúria do vento. Trago comigo apenas a certeza de que a fugacidade da vida dura muito pouco.

CAMELOS E DROMEDÁRIOS

Enternecida revivo agora meu oásis particular feito de tempos fecundos de contentamento e prazer, de remanso e dias gloriosos. De olhos fechados concordo tristemente com o famoso principezinho de Exupèry ao dizer em seu belíssimo diálogo com o piloto do avião que havia sofrido uma pane em pleno deserto do Saara: "Tenho sede dessa água. Por favor, dá-me de beber."[37]

Camelos e dromedários são capazes de beber até cem litros de água por vez, por isso permanecem com o organismo hidratado por mais tempo e conseguem ficar várias semanas sem beberem água. Com essa farta provisão vivem serenamente por muitos dias na aridez do deserto.

Mas para o amor não há provisão ou armazenamento possível. Meu cérebro já fez soar um estridente e perigoso alarme. Sinto sede da presença do meu amado. Uma sede imensa. Meus olhos estão fundos e sem brilho, boca e pele estão secas, completamente desidratadas. Necessito encontrar meu poço jorrante com extrema urgência. Sinto uma premente necessidade de me abastecer de afeição e dos indescritíveis prazeres que ele me proporciona. Preciso aliviar essa secura do meu coração sem demora.

Tenho um ardente desejo da presença dele. Estou sem munição de amor. Caminho cambaleante pelas dunas de areia à procura de minha cacimba. Meu diminuto aprovisionamento já se esgotou há tempos. Necessito beber com urgência dessa água doce que sustenta meu viver, ela me satisfaz de modo pleno. Só nela poderei saciar profundamente minha sede. Só nela. Por favor, minha fonte de amor, dá-me de beber!

---

[37] SAINT-EXUPÈRY, Antoine de. *O Pequeno Príncipe*. São Paulo: Escala, 2015. p. 82.

AS MÃOS DE MINHA MÃE

Mais um Natal se aproxima, entretanto tenho a nítida impressão de que foi ainda ontem que eu corria ansiosa para colocar meu sapatinho na janela do quintal e depois lutar bravamente contra o sono para conseguir pegar Papai Noel no flagra, mas infelizmente nunca consegui surpreendê-lo, pois o bom velhinho de barbas brancas sempre se atrasava demais e vencida pelo cansaço eu acabava adormecendo.

Tantos anos já se passaram e, no entanto, quase ainda sinto o delicioso cheiro do pernil natalino assando no fogão a lenha da longínqua cozinha da minha infância. Ainda posso me extasiar com as reluzentes compoteiras de cristal cheias de doces de leite, goiabada cascão e figos em calda feitos pelas lindas e habilidosas mãos da minha mãe.

Que saudade incomensurável dos belos natais da minha infância. Eram tão mágicos! Hoje são reminiscências, apenas dulcíssimas nostalgias. O poeta romano Ovídius diria que "precisamos recolher as rosas enquanto há tempo, porque o resto é memória". Desse modo, driblemos com maestria o implacável tempo em seu apressado galopar. E recolhamos as rosas com muito cuidado, antes que nos restem somente as recordações. Apenas as memórias.

SOLUÇÃO MÁGICA

Uma inesperada chamada telefônica fez com que meu coração se sobressaltasse. Era ele com suas propostas surpreendentes e magníficas. Engraçado como ele era capaz de tudo só por um sorriso meu, só para me fazer feliz. Eu sempre me deixava levar e embarcava em suas aventuras mirabolantes.

— Alô!

— Vamos viver juntos o agora? – indagou, resoluto.

— Só se for para sempre – respondi, sorrindo.

— Não acha que para sempre é um tempo longo demais?

— Acho, sim. Até assusta o coração da gente.

— Já ouvi dizer que o para sempre, sempre acaba. Será verdade?

— Pode ser que sim.

— Então optemos por viver só o agora. O que acha de minha proposta?

— Mas vivermos só o agora não é insuficiente?

— Sim, é. - Ele pensou por um momento e continuou: – Ah, acho que já tenho a solução mágica para nós. Que tal vivermos intensamente vários agora?

— Vários agora? Muito interessante e bem tentadora essa sua proposta. Gosto dessas ideias meio alucinantes. Seria como uma ilusão de óptica?

— Sim. Enganaríamos nosso cérebro gerando um tempo que não corresponde à realidade. Pense nisso com carinho.

— Pensarei, meu homem sonhador.

Ele sempre me faz rir com suas ideias espalhafatosas. Nessa noite dormi sorrindo e acabei sonhando a noite inteira com um complexo labirinto de caminhos sinuosos interconectados, enquanto ele me falava das maravilhosas vantagens de se viver uma coletânea de "vários agora".

Ao amanhecer meu coração acordou eufórico e renovado. E parecia que gritava feliz, como Arquimedes: "Eureka! Eureka! Eureka!".

O COMANDANTE DO TEMPO

Todos nós somos comandados pelo tempo. Ele vai apressado à nossa frente e exige de nós que o sigamos. É ele quem dita o compasso da marcha: um, dois... um, dois... um, dois...

Os ponteiros do relógio acompanham seu ritmo acelerado: tique-taque... tique-taque... tique-taque... Eles vivem sincronizados, em total sintonia. Sem cerimônia e sem olhar para trás, o comandante tempo continua marchando em seu ritmo célere. A passos largos, segue resoluto na frente, a gritar:

— Avante! Sigam-me! Marrrrrrrchem!!!!!!

Ah, tempo, sei bem o quanto és sábio, sei que és o melhor remédio para todas as dores do mundo e que és também o senhor da razão. Mas veja bem, pouco depois daquela curva à esquerda já avistarei a bandeira quadriculada tremulando ao vento, anunciando-me a linha de chegada. E será o meu fim.

Ah, senhor comandante do tempo, não tenha tanta urgência, marche um pouco mais devagar, já estou ofegante. Tenho muito a fazer, há ainda um grande sonho a ser realizado e uma linda história para contar. Apesar da hora tardia eu lhe imploro: por favor, dê-me um pouco mais de você.

A BONECA CADEIRANTE

De olhos arregalados vejo uma linda menininha de apenas 8 anos de idade ganhando de presente de Natal uma boneca deficiente presa em uma cadeira de rodas. Fico perplexa pela felicidade e pela gratidão que ela demonstra sentir ao desempacotar seu diferenciado regalo. Comovo-me em demasia diante dessa edificante cena e aplaudo mentalmente a mãe da garotinha por apresentar à filha perfeita uma boneca fisicamente limitada.

Sem dúvida um presente extraordinário, no sentido literal da palavra, um brinquedo que extrapola o padrão normal de qualquer pedido infantil em noite natalina.

Somente quem teve muito perto de si um cadeirante, só mesmo quem vivenciou, doou-se e se comoveu com o difícil cotidiano da paraplegia, é capaz de apresentar, normalizar, engrandecer e preparar os demais para conviver com a diversidade, a deficiência física, a excepcionalidade.

Lição magnífica para mim. Disfarço minha comoção. Engulo minhas lágrimas. Completamente impactada pelo extraordinário gesto da jovem mãe e inteiramente enternecida por seu elevado sinal de grandeza, vivencio momentos sublimes e tocantes nessa rara noite de júbilo e exultação.

Sinto que o presente valioso que a menininha acaba de ganhar fez um menino cadeirante sorrir lá no Céu.

MULHER DE CORAGEM

Enfrentar o medo com valentia e ultrapassar as diversidades da vida com uma postura de firmeza e determinação, sem dúvida, é uma virtude. Mas é para poucos.

— Você é uma mulher destemida, invejavelmente corajosa. Fale-me um pouco dessa sua coragem.

— Por que acha que sou corajosa?

— Ora, você deixou um bilhete para ele jurando que nunca mais voltaria e realmente nunca mais voltou.

— Essa é só uma parte da história, minha amiga. De toda essa coragem que você vê em mim, a verdade é um pouco diferente, ela é menos admirável, bem menos heroica. Na realidade, eu nunca quis escrever aquele bilhete para ele, eu não queria ter ido embora, fui forçada.

— Forçada?

— Isso mesmo. Foram as atitudes dele que me forçaram a ir.

— Como assim?

— Se eu não fosse do jeito que ele queria, as coisas não funcionavam muito bem para nós dois. Se fosse como eu achava que devia ser, parecia não ser digna da admiração dele. Eu queria ser para ele não só a esposa, mas também a mãe carinhosa, atenta e presente. Aspirava ser aceita pelo que conseguia fazer com o escasso tempo que eu tinha e com meu precário modo de conciliá-lo, ansiava ser aceita pelo que eu era. Mas isso não bastava. Na visão dele, mais do que todos os outros papéis, era o de esposa amante que sempre deveria imperar.

— Então você não queria partir?

— Não. Você não sabe quantas vezes olhei para trás esperando que ele me dissesse que tentaria me entender, que tentaria mudar de postura. Ah, como eu queria que ele me pedisse para não ir embora, para eu voltar, para eu ficar. Nunca aconteceu. Não dessa forma.

— Que triste!

— Certa vez, eu o vi vagando pela rua, parecia estar chorando por dentro. Chorei por dentro também. Mas logo em seguida soube que ele já estava bem, sempre assíduo e sorridente em festas, rodas de samba e grandes noitadas, continuamente rodeado de amigos e mulheres bonitas. Em pouco tempo já estava morando com uma delas.

— Foi por isso que você nunca voltou?

— Foi por isso que joguei a chave fora.

— Ele ainda ama você, sabe disso, não sabe?

— Ele é *sui generis*, não é igual a ninguém.

— Continuo achando tudo isso muito louco.

— Está desapontada comigo?

— Não, não estou. Mas é melhor deixarmos o passado no lugar dele, não acha?

Houve um prolongado momento de silêncio entre as duas amigas.

— Quero te perguntar mais uma coisa, mulher corajosa.

— Sou toda ouvidos.

— Acha que seria muita loucura se eu me casasse de novo?

— Loucura? Não! É somente um ato de coragem - respondi sorrindo.

— Abro mais uma garrafa de vinho para nós?

— Acho que já bebemos demais. Amanhã, talvez.

ALMA EM DESALINHO

Existe em mim um olhar triste, um coração despedaçado e uma alma completamente atormentada, impossíveis de serem contidos, abafados ou curados. De dor de amor também se morre. Há quem não aguente tamanha amargura e vai morrendo aos poucos, dia após dia; primeiro desaparece o sorriso, depois se apaga o brilho do olhar, mais tarde falece a esperança e, por fim, morre a vontade de viver. Essa é uma destruição anunciada, doída, lenta, um abater-se profundo, um deixar-se de existir e tombar-se como uma velha árvore que verga e sucumbe ao vendaval.

Essa é também uma lenta e dolorosa via-sacra a caminho do Gólgota. Meu coração está quebrado, ele necessita de tempo, emplastros e unguentos. Neste momento você está lidando com um espírito aflito, amargurado, consternado, que está vivendo em agonia e desequilíbrio. Minha alma encontra-se em completo desalinho, está desnorteada, totalmente desprovida de amor-próprio e de qualquer consequência.

Portanto advirto-lhe: curve-se e espere a fúria do vento passar. Seja gentil, tenha prudência, permaneça atento, conserve a indulgência, seja benevolente.

AMOR E DINHEIRO

A vida é basicamente amor, o resto é dinheiro. Se o primeiro faltar, o segundo de nada valerá. O amor é absolutamente tudo. Não acredita? Então experimente sair por aí com a carteira cheia de dinheiro e o coração vazio de amor que não demorará muito para você se sentir oco por dentro e conhecer a desventura de viver por viver.

Depois experimente sair pelas ruas com a carteira vazia de dinheiro, mas com um imenso amor quase transbordando de dentro de seu peito, que simplesmente você colocará as mãos nos bolsos e andará assobiando, passo a passo, feliz, como se flutuasse por entre nuvens, como se tivesse asas. O amor compensa todas as coisas que nos fazem falta, inclusive o dinheiro.

Ame quem quiser, como quiser, onde estiver e até quando puder, mas ame sempre e sinta-se rico, endinheirado e saciado.

A MENINA E A MULHER

Existe em mim uma alegre menina que se recusa a crescer. Ela é uma garota feliz e sonhadora, que vive bamboleando pelas horas coloridas do cotidiano. Essa menina sonha tanto que todas as manhãs ela não acorda quando o galo canta: primeiro protesta, choraminga, faz-se de fugada, vira para o canto, cobre a cabeça com o travesseiro e pede clemência aos céus; depois, fecha novamente os olhos e tapa os ouvidos, só para poder continuar dormindo e sonhando.

Todos os dias, invariavelmente, ela espera o estridente despertador da vida tocar uma, duas, três vezes, para só depois saltar da cama, calçar suas sandálias de tiras prateadas e vestir esbaforida sua saia plissada de realidade.

Dia após dia a menina sonhadora vai saracoteando pelas ruas, vivendo distraída de inocência e de abundante alegria, pois a realidade para ela demora um pouco a chegar. Só de olhar para as largas calçadas à sua volta ela já desenha na mente um lindo diagrama de giz colorido, repleto de linhas, setas e retângulos imaginários, do tipo que vai do céu ao inferno. E assim vai andando saltitante pelas ruas, às vezes pulando em um pé só dentro dos retângulos solitários; e quando são dois emparelhados, ela bota um pé em cada um, sabendo que em hipótese alguma pode pisar na linha que os separa, nem na casa que está abrigando a pedrinha.

Do alto de minha maturidade observo cheia de ternura a menina que vive em mim que vai caminhando pelas ruas, completamente entretida e feliz. De vez em quando ela se abaixa graciosamente para pegar os pedregulhos que encontra pelo chão, só para depois arremessá-los pelas casinhas da vida. Dessa forma, a mulher adulta que verdadeiramente sou às vezes acompanha os passos da garota que se recusa a morrer em mim e faceira vai andando com ela pelas avenidas, alamedas e jardins, arriscando-se para compreender e alcançar a sequência da representação gráfica imaginária que a menina fez, na esperança de deduzir quais são os propósitos, as alegrias e as recompensas de se conquistar cada retângulo numerado.

Naquele momento, a alegre menina estava deliciosamente de volta em mim, vivendo colada à mulher adulta que verdadeiramente sou. Ainda bem que às vezes eu esqueço que cresci e me permito ser só uma menina.

Enquanto sonho em pisar no céu do diagrama colorido, vou saracoteando pelas ruas da vida "pulando amarelinha" de mãos dadas com a menina sonhadora, como se eu também ainda fosse uma menina.

GRACIAS A LA VIDA

Anoiteceu. Escutei ao longe o triste e solitário toque de silêncio. A cidade está dormindo. Não há mais ruído lá fora. Ouço até o cochicho de solidões que se encontram e se confabulam. No ar da noite há muitos segredos de amor. Preciso silenciar minha mente. Tudo é silêncio, calmaria e escuridão. É mais um dia que termina. Que pena!

Amanheceu. Ouvi ao longe o toque da corneta anunciando a alvorada da vida. Pássaros gorjeiam. Chegou a luz do dia para acabar com a escuridão da noite. Ainda bem. Estou aqui meio sonolenta, acordando dos sonhos que durante a noite meu peito conseguiu suportar, espantando saudades, abrindo as janelas do coração, colorindo de verde as esperanças descoloridas, para só depois poder me deliciar com as bonitas paisagens que se descortinam do lado de fora.

Levantei-me. Calço apressada minhas sandálias multicoloridas que descansaram a noite inteira no tapete lateral de minha cama. É mais um presente precioso que recebo, mais uma oportunidade divina para ser feliz. Acelero os passos. Não há tempo a perder. Corro. Tenho urgência de viver.

"Gracias a la vida, que me ha dado tanto!"[38]

---

[38] Canção popular chilena, composta e interpretada pela cantora e compositora Violeta Parra (1917-1967). *Gracias a la vida*, abre seu álbum *Las últimas compositions* (1966). Pode ser traduzida por: "Obrigado à vida, que tanto me deu". Veja mais em: https://www.youtube.com/watch?v=Y5KZSlUxBi8.

AS DORES DO MUNDO

Há três tipos distintos de dor.

A primeira é a dor física, aquela que corta, sangra, pulsa, inflama, lateja e finalmente gangrena.

A segunda é a dor do arrependimento. Essa dor é do tipo que tortura, destroça, corrói, aflige, comove e dilacera a alma.

A terceira é a dor do coração partido. É a dor aguda que abate, despedaça, mortifica e nos modifica para sempre. De longe, é a mais dolorida de todas as dores, a mais difícil de suportar e suplantar.

Meu querido amor, não despedace meu coração. Jamais se perca de mim. Por favor, não desapareça!

O TERMINADOR

O que há por trás do terminador que separa o lado iluminado do dia e o lado escuro da noite? Não sei.

Impulsionada por uma força vital, vou caminhando para ele e para além dele, entre o vermelho e o preto, o amarelo e o azul, a claridade e a escuridão, nessa livre marcha dos dias. Às vezes, quando as sombras dessa limitação me assustam, fecho os olhos e diminuo um pouco a intensidade dos meus passos, sem nunca de fato parar, mas vou seguindo em frente por pura teimosia e necessidade. E insisto. E persisto. E persevero. E caminho. Caminhar é preciso. É a vida... É a vida... Deve ser isso viver.

De olhos fechados indago ao meu coração: "O que há nessa zona de crepúsculo entre o dia e a noite?". Ele se apressa em responder: "O tempo. Só o tempo. E nada mais do que o tempo".

Olho para o horizonte, para o lugar mais longe que meus olhos podem alcançar e, então, grito bem alto: "Teeeeeeeeeempo!". Um número cada vez maior de ecos responde: "Rompimento, abafamento, desalento, lamento, tormento...". Tapo os ouvidos. Desisto. O tempo me assombra. Pensar no tempo me apavora.

POLIDEZ E INTELIGÊNCIA

É triste constatar que polidez e inteligência são duas coisas independentes e completamente distintas. Por não serem irmãs siamesas não estão interligadas e muito raramente andam juntas, de mãos dadas.

Polidez e inteligência nascem separadas, em épocas diferentes da vida, e não é tão fácil juntá-las tempos depois; isso é para poucos, pouquíssimos. Em várias ocasiões, polidez e inteligência se sentam em lados opostos da mesma mesa da sala de jantar.

Às vezes falta em um homem astuto e inteligente a postura adequada, a amabilidade, a delicadeza e a polidez.

Às vezes falta em um homem fino, polido, bem-educado e afável, a astúcia e a inteligência.

Ser polido e inteligente ao mesmo tempo é uma raridade. Que desventura!

MEU VINHO

Só poderá beber do meu seleto e precioso vinho "Romanée-Conti" aquele que esteve ao meu lado nos tempos das vacas magras, aquele que permaneceu comigo na semeadura, aquele que em pleno verão escaldante esteve ao meu lado e me fez companhia nas vindimas, época da dura colheita das uvas.

Só poderá erguer a taça de cristal e brindar alegremente comigo aquele que me ajudou a amassar as uvas durante o árduo processo de pisa.

Isso é ajustamento, é adequação, é inteireza, é acomodação. Isso também se chama justiça.

O RELÓGIO DE AREIA

Absorta em minhas cogitações observo minuciosamente a ampulheta do tempo que fica sobre o criado-mudo. A areia fininha segue esvaziando-se por completo em seu curso silencioso, correndo serena entre as duas redomas de vidro. Ela não estagna, flui ininterruptamente nesse seu triste esvanecer-se.

Esse contínuo escoar-se lembra-me que o *tempus fugit*,[39] que se dissipa velozmente, que não devo negligenciá-lo em momento algum, que é preciso colhê-lo assim como se colhe um fruto saboroso que amadurece e logo se desfaz.

Não sei por que, mas hoje a areia que verte ritmada dessa ampulheta parece-me bem mais acelerada que outrora. Independentemente do meu querer vai gotejando ligeira, soando para mim como se fosse uma forte ameaça, uma grande intimidação, uma ampla advertência para que eu não me distraia nem desperdice um instante sequer, porque todo dia é essencial, todo momento é precioso, todo instante é vital.

FIM

---

[39] Expressão latina que significa "o tempo foge", mas que normalmente é traduzida como "o tempo voa".

REFERÊNCIAS

ALMEIDA, Joel de (Jota Sandoval). *Quem sabe, sabe*. Intérprete: Carvalhinho. Disco Odeon 13.975-A. Fevereiro de 1956. Disco constante do Arquivo Nirez.

BARRO, João de; ROSA, Noel. *As pastorinhas*. 1933.

BÍBLIA. Bíblia Sagrada. Tradução de Missionários Capuchinhos. Lisboa: Edição Católica Familiar, 1998.

BRAGUINHA. *Vai com jeito*. 1957.

BUARQUE, Chico; GUERRA, Rui. *Não existe pecado ao sul do Equador*. Ney Matogrosso. 1973.

CARDENAL, Ernesto. *Epigramas*. Madrid: Trotta, 2001.

CARLOS, Roberto. *Não presto, mas te amo*. Interpretação de Demétrius. Vitrola Digital. Warner Músic Brasil Ltda. 1967.

FOI um rio que passou em minha vida. Compositor: Paulinho da Viola. 1970.

FILHO, Marinósio Trigueiros. *Recordar é viver*. 1946.

GOOD morning, Vietnam. Direção de Barry Levinson e Roteiro de Mitch Markowitz. 1987.

GIBRAN, Khalil. *O profeta*. 3. ed. São Paulo: Martin Claret, 2021.

HEMINGWAY, Ernest. *Por quem os sinos dobram*. Tradução de Luís Peazé. 18. ed. São Paulo: Bertrand Brasil, 2014.

HERUBINI, Lorenzo; MENEZES, Jorge. *Ive Brussel*. Jorge Ben Jor. 1979.

HOLLANDA, Chico Buarque de. *A banda*. 1966.

MANOEL, Abílio. *Pena verde*. Intérprete: Abílio Manoel. 1970.

NETTO, Demétrio Zahra; GUMMOE, John. *O ritmo da chuva*. Versão em português de *Rhythm of the rain*. Interpretação de Demétrius. 1964.

POWELL, Paden; MOARES, Vinícius de. *O canto de Ossanha*. 1966.

SAINT-EXUPÈRY, Antoine de. *O pequeno príncipe*. São Paulo: Escala, 2015.

SANTOS, Benil; SAMPAIO, Raul. *Lembranças*. Interpretação de Nelson Gonçalves. 1985.

SOUTO, Edmundo; CAYMMI, Edmundo; TAPAJÓS, Paulinho. *Andança*. 1968.

TOQUINHO; MORAES, Vinicius de. *Escravo da alegria*. 1983.

WEBSTER, Paul Francis; JARRE, Maurice. *Tema de Lara*. 1965. [Filme *Doctor Jhivago*].

WEISS, George David; THIELE, Bob Jr. *What a wonderful world*. Intérprete Louis Armstrong. 1967.